Verlag Wissenschaft und Politik

Gisela Helwig

Frau und Familie
in beiden deutschen Staaten

© 1982
bei Verlag Wissenschaft und Politik
Berend von Nottbeck, Köln
Umschlaggestaltung Rolf Bünermann
Herstellung Werbedruck Zünkler
Bielefeld 11
Printed in Germany
ISBN 3-8046-8605-2

Inhaltsverzeichnis

Inhaltsverzeichnis

Emanzipation und Familienpolitik

Die Verfassungen beider deutscher Staaten garantieren sowohl die Gleichberechtigung von Mann und Frau als auch den Schutz von Ehe und Familie. Zusätzlich sind in der DDR allerdings konkrete Richtlinien vorgegeben, aus denen sich ein offizielles Leitbild herauskristallisieren läßt. So wird das Prinzip der Gleichstellung als wesentliches Fundament der ehelichen Beziehungen hervorgehoben und die familiale Sozialisation primär unter dem Gesichtspunkt gesellschaftlicher Erfordernisse gesehen.

Das Grundgesetz für die Bundesrepublik Deutschland verzichtet dagegen auf die Umschreibung eines bestimmten Familientyps ebenso wie auf die Definition von Erziehungszielen. Deutlicher noch als in den Verfassungen kommt der unterschiedliche Ansatz im jeweiligen Familienrecht zum Ausdruck. Der westdeutsche Gesetzgeber ordnet die Familie dem privaten Raum zu und beschränkt seine Einwirkungsmöglichkeiten demzufolge darauf, Rechte und Pflichten der einzelnen Individuen gegeneinander abzugrenzen. Demgegenüber versteht das Familiengesetzbuch der DDR (FGB) die Ehepartner und deren Kinder als »Grundkollektiv«, das zu anderen Kollektiven – im Betrieb, in der Hausgemeinschaft, in der Schule – in Beziehung gesetzt und so völlig in die Gesellschaft integriert werden soll. Besonders deutlich wird diese Absicht in den Anforderungen an die Familienerziehung.

Vor diesem Hintergrund kommt dem Bestreben, möglichst alle Frauen in den Arbeitsprozeß zu integrieren, über die volkswirtschaftlichen Zwänge hinaus eine weitere wesentliche Bedeutung zu.

Nach marxistisch-leninistischer Lehre gilt die materielle Produktion als entscheidende Sphäre der Persönlichkeitsentwicklung, die Arbeitsmoral als wichtigste Quelle der Familienmoral. Solche Postulate schließen folgerichtig die Erwartung ein, daß sich die Frauen nicht auf Kindererziehung und Hausarbeit beschränken.

Entgegen dem Verfassungsauftrag von 1949 blieb das westdeutsche Familienrecht noch lange den um die Jahrhundertwende konzipierten patriarchalischen Vorstellungen des BGB verhaftet. Auch das sogenannte Gleichberechtigungsgesetz von 1957 hielt am Leitbild der »Hausfrauenehe« fest und war damit – angesichts der zunehmenden Zahl erwerbstätiger Mütter – von vornherein ein Anachronismus. Erst mit dem am 1. Juli 1977 in Kraft getretenen Gesetz zur Reform des Ehe- und Familienrechts wurde die freie Entscheidung über die Aufgabenverteilung in der Ehe festgeschrieben. Eine solche Regelung, die von gleichen Rechten und Pflichten beider Ehegatten ausgeht und ihnen die Zuständigkeit für Haushalt und Kindererziehung nach den jeweiligen individuellen Wünschen und Gegebenheiten anheimstellt, dürfte die einer Demokratie angemessene Skizzierung eines Familienleitbildes sein. Allerdings bleibt die rechtlich zugesicherte Gestaltungsfreiheit Makulatur, solange die für eine wirklich freie Wahl erforderlichen Rahmenbedingungen nicht gegeben sind.

In der DDR bildet die Harmonisierung der beruflichen und familiären Aufgaben der Frau die Richtschnur familienrechtlicher und -politischer Zielstellungen. Dazu heißt es beispielhaft in dem 1972 erschienenen »Lehrbuch des Familienrechts«:

»Worauf es ankommt, ist, daß die Frau den wachsenden Erwartungen und Anforderungen beider Lebensbereiche gemäß ihr Leben gestalten kann, daß sie nicht in dem einen Bereich (z. B. durch Ausweichen auf Teilbeschäftigung oder die Ablehnung verantwortungsvoller Funktionen, durch den Verzicht auf mehrere Kinder oder auch auf die Ehe) gravierende Zugeständnisse zugunsten des anderen Bereichs für notwendig oder unabänderlich erachtet[1].«

Als dies formuliert wurde, war bereits nicht mehr zu übersehen, daß Leitbild und Wirklichkeit immer mehr auseinanderdrifteten. Einerseits verlief die Bevölkerungsentwicklung seit 1969 negativ, und andererseits gingen immer mehr Frauen zu einer Teilzeitbeschäftigung über. Da Appelle an die »sozialistische Familienmoral« (etwa nach dem Motto: »Der dauernde Verzicht auf Kinder, auch die gewollte Beschränkung auf ein Kind ist moralisch in der Regel nicht gerechtfertigt und allzu oft Ausdruck einer kleinbürgerlichen Haltung«[2]) nichts fruchteten, sah man sich gezwungen, die unerwünschte Entwicklung mit gezielten sozialpolitischen Maßnahmen zu stoppen: Kürzere Arbeitszeiten und mehr Urlaub für Frauen mit mindestens zwei Kindern, erweiterter Mutterschutz, bezahltes Babyjahr ab zweitem Kind, höhere Geburtenbeihilfen, zinslose Kredite für junge Ehepaare, besondere Unterstützung für alleinstehende Mütter.

Auch die gewachsene Aufmerksamkeit für die Familienerziehung dürfte die sozialpolitischen Programme von 1972 und 1976 mit beeinflußt haben. Die im Lauf der sechziger Jahre eher zögernd anerkannte Basisfunktion der elterlichen Erziehung wird in jüngster Zeit zunehmend betont. Zwar sollen sich Elternhaus, Schule und Jugendverband auch weiterhin gegenseitig ergänzen, doch werden der Familie dabei – insbesondere im Bereich der Charakterbildung – Aufgaben zugeordnet, »die durch andere Erziehungsträger nur zum Teil oder gar nicht ersetzt werden können«[3]. Maßgeblich für diese Einschätzung waren zahlreiche Untersuchungen, die einen direkten Zusammenhang zwischen Verhaltensauffälligkeiten bei Kindern bzw. Jugendlichen und gestörten Familienbeziehungen nachgewiesen haben[4]. Lange Zeit war man in der DDR offenbar davon ausgegangen, daß sich die Familien spontan im Sinne des offiziellen Leitbilds entwickeln würden. Inzwischen ist die Leerformel von den »qualitativ neuen Familienbeziehungen im Sozialismus« aus den Publikationen verschwunden, und man spricht statt dessen, sehr viel realistischer, von einem »konfliktreichen Prozeß«, den man nicht dem Selbstlauf überlassen, sondern durch gezielte Beeinflussung steuern will.

Wie wenig die familienpolitischen Leitlinien zu einer durchgreifenden Bewußtseinsänderung führten, zeigt die Tatsache, daß Hausarbeit und Kindererziehung – vom FGB beiden Ehepartnern aufgetragen – auch heute noch zu mehr als siebzig Prozent von den Frauen allein bewältigt werden müssen. Dieser Realität wird mit arbeitsrechtlichen Sonderregelungen für erwerbstätige Mütter Rechnung getragen. Partielle Erfolge zeichnen sich ab. Zwischen 1975 und 1980 stieg die Geburtenrate kräftig an[5]. Gleichzeitig machten allerdings mehr als 80 Prozent derjenigen Frauen, die ein zweites oder weiteres Kind zur Welt brachten, von der Möglichkeit der einjährigen bezahlten Freistellung Gebrauch. Insbesondere in den Bereichen, die viele weibliche Mitarbeiter beschäftigen – Gesundheitswesen, Schulen, Handel –, kam es dadurch teilweise zu empfindlichen Engpässen. Offensichtlich wird befürchtet, daß manche Mütter, waren sie erst einmal ein Jahr zu Hause, sich im Interesse ihrer Kinder auch noch länger – dann eben ohne Bezahlung – auf die Familie konzentrieren möchten. Deshalb rechnet man ihnen vor, was die familienpolitischen Neuerungen der letzten Jahre kosten, und des-

halb verweist man so nachdrücklich auf die Einheit von Wirtschafts- und Sozialpolitik. Mit anderen Worten: An die gewährten Hilfen ist die Erwartung geknüpft, daß sie neben höheren Geburtenziffern auch noch ein stärkeres Engagement für den Beruf nach sich ziehen. Andererseits wird allerdings beklagt, daß eine vornehmlich auf die besondere Belastung der Frauen ausgerichtete Familienpolitik »ein gewisses Festhalten an der alten Arbeitsteilung in der Familie«[6] bewirke.

Genau vor dieser Entwicklung hat die Ostberliner Familienrechtlerin Anita Grandke Mitte der siebziger Jahre gewarnt. Aus der unbefriedigenden häuslichen Arbeitsteilung leitete sie damals die einleuchtende Forderung ab, die Gleichberechtigung künftig stärker durch Einflußnahme auf die Partnerbeziehungen voranzubringen. Einschlägige Gesetze sollten nach Möglichkeit nicht allein auf Mütter, sondern auf beide Eltern abstellen. Die Regelungen von 1972 und 1976 zielen nicht in diese Richtung. Sie sind vielmehr ein weiterer – fragwürdiger – Versuch, die Emanzipation der Frau durch Sonderrechte durchzusetzen. Offensichtlich will man bis auf weiteres an dieser Strategie festhalten. Selbst Anita Grandke scheint resigniert zu haben. 1981 konstatierte sie, die Zeit sei für ihre familienpolitischen Vorstellungen auch heute noch nicht reif:

»Solange die Frauen den Hauptteil der familiären Belastungen tragen und solange das eine gesellschaftliche Erscheinung – also nicht nur Einzelfall – ist, so lange muß die Familienförderung dem Rechnung tragen und bestimmte Leistungen . . . von vornherein an die Frauen adressieren[7].«

Überzeugend klingt das nicht. Denn schließlich könnte man auch umgekehrt argumentieren. Wenn beispielsweise bestimmte Erleichterungen alternativ für Mütter und Väter angeboten würden, wäre das gewiß ein wirksamer Beitrag zur Überwindung von Rollenklischees. Und so hatte Frau Grandke es 1975 ja wohl auch gemeint. Aber offensichtlich finden sich in der SED nicht genügend Befürworter einer solchen Neuorientierung der Familienpolitik. Anita Grandke hält zwar gleiche Rechte und Pflichten für *beide* Eltern auch weiterhin für die »höhere Form der Familienförderung«, deklariert sie jedoch zum »Ziel der kommunistischen Gesellschaftsformation« und verweist damit in eine ferne Zukunft[8].

Auch in der Bundesrepublik Deutschland ist eine Reihe familienpolitischer Maßnahmen vorrangig auf die Entlastung berufstätiger Mütter gerichtet. Zum übergreifenden Ziel hat die sozialliberale Regierung jedoch die Emanzipation des einzelnen erklärt. Auf dem Weg dahin sind allerdings noch viele Hürden zu überwinden. Gewiß wurde – insbesondere in den siebziger Jahren – einiges getan, um den Frauen mehr Chancengleichheit in Ausbildung, Beruf und Familie einzuräumen. Doch wenn man auf der Ha-

ben-Seite etwa die Bildungsförderung, das Gesetz über die Gleichbehandlung am Arbeitsplatz, die Eherechtsreform und den Mutterschaftsurlaub verbucht, so steht dem eine Soll-Liste gegenüber, die unter anderem die Gleichstellung von Mann und Frau im Rentenrecht, die Änderung des Steuerrechts zugunsten alleinstehender Mütter und Väter, die besondere Förderung kinderreicher und sozial schwacher Familien sowie – nicht zuletzt – allgemein familienfreundlichere Lebens- und Arbeitsbedingungen umfaßt.

An finanziell aufwendige Reformen ist angesichts der derzeitigen Wirtschaftslage auf absehbare Zeit wohl kaum zu denken. Aus dem gleichen Grund kann man ebensowenig darauf setzen, daß eine verstärkte Einbeziehung von Frauen in den Arbeitsprozeß Impulse zur Harmonisierung von beruflichen und familiären Aufgaben auslöst. Andererseits dürfen die augenblicklichen ökonomischen Schwierigkeiten nicht zum Alibi für gesellschaftspolitischen Immobilismus gemacht werden. Vor allem auf drei Punkte kommt es nun an. Einmal ist sicherzustellen, daß erworbene Rechte ohne Abstriche in die Praxis umgesetzt werden. Hier sind die zuständigen Behörden ebenso zur Unterstützung jedes einzelnen Bürgers aufgefordert wie Parteien, Gewerkschaften, Interessenverbände und die »Frauenstäbe« bei Bund und Ländern. Zweitens erscheint bei der Vergabe knapper werdender Mittel zur Familienförderung eine stärkere Bedarfsorientierung geboten. Und drittens schließlich sollten gerade jetzt die Weichen in Richtung auf eine »familiengerechte Arbeitsorganisation«[9] gestellt werden. Die von der Bundesregierung grundsätzlich befürwortete Einführung kürzerer Arbeitszeiten für Eltern kleiner Kinder könnte auf längere Sicht sowohl den Arbeitsmarkt entlasten als auch die partnerschaftliche Aufgabenteilung positiv beeinflussen.

Die Forderung nach Gleichberechtigung läuft ins Leere, solange die Vereinbarkeit von Beruf und Familie primär als »Frauenproblem« gesehen wird. Das zeigt auch das Beispiel DDR – trotz aller unbestreitbaren Erfolge in den Bereichen Ausbildung und Beruf.

1 Autorenkollektiv unter Leitung von Anita Grandke, Familienrecht. Lehrbuch, Berlin (Ost) 1972, S. 39 f.

2 Anita Grandke in: Neue Justiz 1972, S. 316.

3 Wörterbuch der Psychologie, Leipzig 1976, S. 172.

4 Dazu ausführlich die Referate von Arnold Freiburg und Gisela Helwig auf der XIII. Tagung zum Stand der DDR-Forschung in der Bundesrepublik Deutschland 1980, abgedruckt in: Die DDR im Entspannungsprozeß – Lebensweise im realen Sozialismus, Edition Deutschland Archiv 1980, S. 68–87.

5 1981 war die Geburtenrate allerdings wieder leicht rückläufig.

6 Anita Grandke in: Neue Justiz 1975, S. 501.

7 Anita Grandke, Familienförderung als gesellschaftliche und staatliche Aufgabe, Berlin (Ost) 1981, S. 84.

8 Ebenda.

9 Vgl. den Bericht der Sachverständigenkommission der Bundesregierung zum dritten Familienbericht, Bundestagsdrucksache 8/3120 vom 20. August 1979, S. 19.

Erstes Kapitel

Schul- und Berufsausbildung

Schul- und Berufsausbildung

Allgemeinbildende Schulen

Die Schulpflicht beträgt in der Regel 12 Jahre – neun Jahre allgemeinbildende Schule, drei Jahre Berufsschule. Die für alle Kinder obligatorische Grundschule umfaßt vier – in West-Berlin sechs – Jahre. Danach, bzw. in einigen Bundesländern nach einer zweijährigen »Orientierungsstufe«, entscheiden die Eltern (beraten durch die Lehrer), welche weiterführende Schule ihre Kinder besuchen (Hauptschule fünf, Realschule sechs, Gymnasium neun Jahre, jeweils nach vierjähriger Grundschulzeit). Dieser Entschluß wird eindeutig schichtspezifisch getroffen. Hier können die in den letzten zehn Jahren eingerichteten (allerdings zwischen den Parteien umstrittenen) Gesamtschulen mit ihrem differenzierten und durchlässigen Kurssystem regulierend wirken.

Dazu heißt es in einem Bericht des Bundesministers für Bildung und Wissenschaft (1982):

»Arbeiterkinder . . . sind im dreigliedrigen Schulwesen – verglichen mit anderen sozialen Gruppen – nach wie vor benachteiligt.

Sie gehen etwas weniger als andere Kinder auf Realschulen und ganz erheblich weniger auf ein Gymnasium. Sie werden sehr viel häufiger auf Sonderschulen überwiesen.

So besuchten 1979 nur zehn von 100 Arbeiterkindern ein Gymnasium und 21 von 100 Arbeiterkindern eine Realschule . . .

In den wenigen Gesamtschulen sind die Chancen von Arbeiterkindern erheblich größer. Mehr Jugendliche erhalten einen erfolgreichen Abschluß der Mittelstufe. Zwei- bis dreimal so viele Arbeiterkinder wie im traditionellen Schulsystem werden dort so gefördert, daß sie zum Abitur geführt werden können.«

Die Benachteiligung von Mädchen im Bereich der allgemeinbildenden Schulen ist in den letzten 15 Jahren erheblich abgebaut worden:

Tabelle 1
Anteile weiblicher Schüler nach Schularten (in Prozent)

Schulart	1965	1970	1979
Grundschulen	48,7	48,9	48,8
Hauptschulen	50,0	49,2	46,6
Realschulen	51,5	52,9	53,7
Gymnasium Sek. I	42,2	44,7	49,9
Gymnasium Sek. II	37,8	41,4	49,5
Schulen für Behinderte	40,4	40,3	39,5
Gesamtschulen	–	–	48,4
Abendschulen und Kollegs	18,9	25,1	46,4

Quelle: Grund- und Strukturdaten 1980/81

Rollenklischees im Schulunterricht

»Die Eigenart der Geschlechter und ihre unterschiedlichen Lebensaufgaben müssen bei der Auswahl der Unterrichtsinhalte berücksichtigt werden«, hieß es in den bis 1973 gültigen Richtlinien für die Realschulen in Nordrhein-Westfalen. Das war kein Einzelfall. Die Auffassung, daß Mädchen und Jungen wegen ihrer angeblich unterschiedlichen Begabung auch unterschiedlich unterrichtet werden müßten, ist in allen Bundesländern erst in den letzten

Schul- und Berufsausbildung

Allgemeinbildende Schulen

Die SBZ/DDR hat ihr Bildungswesen in den vierziger und fünfziger Jahren zum Teil nach sowjetischem Vorbild völlig umgestaltet. 1965 wurde das Gesetz über das einheitliche sozialistische Bildungssystem erlassen, das alle pädagogischen Einrichtungen von der Kinderkrippe über Kindergarten, Schule, Berufsausbildung, Fach- und Hochschule bis zur Erwachsenenqualifizierung (Weiterbildung, Umschulung) zusammenfaßt. Alle Kinder besuchen die zehnklassige polytechnische Oberschule (POS), an die sich eine zweijährige Erweiterte Oberschule (EOS) anschließt, die zum Abitur führt. Die zehnjährige Schulpflicht ist zwar noch nicht voll verwirklicht, doch erreichen rund 85 Prozent der Schüler den Abschluß der 10. Klasse. Über die Hälfte von ihnen sind Mädchen.

Die Entscheidung, ob ihre Kinder die Erweiterte Oberschule besuchen, liegt in der Regel nicht bei den Eltern, sie können aber einen Antrag auf Aufnahme stellen. Die Schuldirektoren schlagen dem Kreisschulrat die besten Schüler zur Aufnahme in die EOS vor. Maßgebend sind nicht nur gute Leistungen, sondern auch »einwandfreies Verhalten« und der Beweis von »Verbundenheit mit dem Staat«. Arbeiter-und-Bauern-Kinder werden bevorzugt aufgenommen. Praktizierenden Christen dagegen wird der Zugang zu den Abiturklassen vielfach verwehrt. Rund 10 000 Jugendliche – das ist fast ein Drittel aller Abiturienten – erreichen jährlich die Hochschulreife über eine dreijährige Berufsausbildung mit Abitur. Während hierbei die männlichen Jugendlichen überwiegen, erreichen die weiblichen Abiturienten an den EOS – wegen der besseren schulischen Leistungen – einen Anteil von über 50 Prozent. Die Zahl weiblicher Abiturienten ist seit Jahren systematisch erhöht worden. Insgesamt wird zur Zeit rund die Hälfte der jährlichen Reifeprüfungen von Mädchen abgelegt. Bereits die Volkszählung von 1971 ergab folgende Werte:

Tabelle 2
Anteile weiblicher Abiturienten nach Altersgruppen

18–20 Jahre	20–25 Jahre	25–30 Jahre	30–40 Jahre
48,2 %	42,8 %	47,1 %	41,9 %

Quelle: Statistisches Jahrbuch 1973

Rollenklischees im Schulunterricht

Mädchen und Jungen werden grundsätzlich gemeinsam und nach einheitlichen Lehrplänen unterrichtet. Man erwartet von den Lehrern, daß sie die Gleichstellung bewußt fördern, um entgegengesetzte Einflüsse in den Elternhäusern auszugleichen. Eine 1970 veröffentlichte Untersuchung über Disziplin in der Schule hat allerdings gezeigt, daß traditionelle Leitbilder – zumindest damals – noch weit verbreitet waren. Sehr viele Lehrer haben Kli-

Jahren allmählich abgebaut worden. Die Einführung der Koedukation auch in den meisten weiterführenden Schulen hat dazu entscheidend beigetragen. Zusätzlich ist eine gründliche Revision der Schulbücher erforderlich, die bisher kaum einen Beitrag zur Vorbereitung auf Partnerschaft in Beruf und Familie geleistet haben. Im Kölner Institut für Massenkommunikation wurden 1969 insgesamt 85 Lesebücher aus verschiedenen Bundesländern untersucht, darunter 65 für Volksschulen, 4 für Realschulen und 12 für Gymnasien. Ohne Einschränkung läßt sich sagen: Emanzipation findet in diesen Schriften nicht statt. Nur zehn Prozent der weiblichen Hauptpersonen haben einen Beruf erlernt, ein Prozent zeigt politisches Interesse. Mütterlichkeit, Freundlichkeit und Opferbereitschaft gehören zu den am meisten gelobten Eigenschaften. Urteilskraft oder Selbstbewußtsein zählen dagegen nicht. In der Schlußfolgerung der Autoren heißt es: »Man versucht, die Jugendlichen in eine Gesellschaft zu integrieren, die nicht mehr besteht.«
Seither erfolgte Überarbeitungen und Korrekturen haben noch nicht zu einem befriedigenden Ergebnis geführt. Nicht nur in Lesebüchern, sondern auch in Lehrbüchern für Sozialkunde, Geschichte und naturwissenschaftliche Fächer überwiegen weiterhin überholte Rollenklischees. Im Zwischenbericht der vom Deutschen Bundestag eingesetzten Enquête-Kommission Frau und Gesellschaft (1977) heißt es dazu: »Empirische Schulbuchanalysen haben ergeben, daß das Gros der heute benutzten Schulbücher folgende Mängel enthält:

– Von der Tatsache, daß ein Großteil der Frauen berufstätig ist und in der Doppelbeanspruchung durch Beruf und Haushalt bzw. Kindererziehung lebt, wird fast gar nicht oder nur sehr unzulänglich Notiz genommen . . .
– Der Familie wird eine Idylle angedichtet, die ihr nicht eigen ist. Vor allem wird nicht registriert, daß heute mehr Familien als früher auch an außerfamiliären Aktivitäten Interesse haben.«

Bei der Revision und Neuerarbeitung von Schulbüchern sei Sorge zu tragen, daß »die Stellung der Frau in Familie und Gesellschaft sachlich und realistisch« dargestellt werde. Voraussetzung ist allerdings, daß dieser Aspekt »von den amtlichen Schulbuchkommissionen als Aufgabe erkannt und durch kompetente Sachkenner repräsentiert wird«.

Schul- und Berufsausbildung

scheevorstellungen von ihren Schülern: Jungen sind unordentlich, aufsässig, unhöflich, frech, Mädchen neigen zur Cliquenbildung und sind gehässig, albern, schwatzhaft und schnippisch. Auch die Lesebücher entsprachen noch nicht dem gewünschten Bild, zu dem vor allem die gleichberechtigte berufliche Stellung der Frau gehört. Erna Scharnhorst, Mitarbeiterin des wissenschaftlichen Beirats »Die Frau in der sozialistischen Gesellschaft« bei der Ostberliner Akademie der Wissenschaften, hat 1970 die Lesebücher für die Klassen 1 bis 4 analysiert. Sie kam zu dem Resultat, daß die berufstätige Frau zwar dominierte, die genannten Tätigkeiten jedoch – bis auf einige Ausnahmen – nicht über die »bisherigen traditionellen Frauenberufe hinausgehen«. Außerdem beanstandete die Autorin die vorherrschende Aufgabenteilung in der Familie: »In den über sechzig Lesestücken bzw. Abbildungen, in denen häusliche Situationen im Mittelpunkt stehen, tritt vorwiegend die Mutter oder Großmutter in Erscheinung. Demgegenüber wird nur zehnmal der Vater genannt, und dann auch nur als Kontaktperson zum Kind.
Eine solche Auswahl entspricht nicht einmal mehr der gegenwärtigen Realität in unseren jungen Familien, viel weniger den Erfordernissen der Zukunft. Hier müssen neue Akzente in den Lesebüchern gesetzt werden.«

Inzwischen wurden die – für die gesamte DDR einheitlichen – Lesebücher entsprechend überarbeitet. In dem Buch »Die Frau in der DDR« (Dresden 1979) heißt es dazu:
»Hier wird von der Fibel an in den Texten und Bildern sehr eindeutig die gesellschaftliche Stellung der Frau sowie die neuen Beziehungen von Mann und Frau in der Familie einschließlich der Arbeitsteilung bei der Lösung der familiären Aufgaben widergespiegelt. Der Prototyp der Frau in den Lesebüchern unserer Schulen ist die berufstätige Frau. Es wird in allen Lesestücken, in denen die Arbeit in den Betrieben der Industrie und Landwirtschaft im Mittelpunkt steht, stets von Männern und Frauen, Arbeitern und Arbeiterinnen gesprochen. Ebenso wird in den Lesestücken auch die neue Stellung des Mannes in der Familie deutlich. Er nimmt gemeinsam mit der Frau die Pflichten wahr, die sich aus dem Zusammenleben in Ehe und Familie, bei der Haushaltsführung und Kindererziehung ergeben. So wird bei den Jungen und Mädchen nicht nur ein neues Leitbild der Frau, sondern auch ein neues Leitbild vom Zusammenleben von Mann und Frau in Ehe und Familie entwickelt.«
Kritisiert werden allerdings auch gegenwärtig noch die Autoren mancher Kinderbücher, in denen sich die Mutter in »Bescheidenheit« übe und die »Herrschaft des Mannes bedingungslos« anerkenne.

Berufsaufklärung in der Schule
In den sechziger Jahren wurde das Fach »Arbeitslehre« entwickelt, das die Hauptschüler (bzw. inzwischen auch Gesamtschüler) zur »Wirtschafts- und Arbeitswelt« hinführen und ihre Berufswahl vorbereiten soll. Die unterschiedliche Ausgestaltung in den einzelnen Bundesländern macht eine Aussage über die bisher erreichte Effektivität unmöglich. In Nordrhein-Westfalen soll die Arbeitslehre eine »elementare, wenn auch zunehmend anspruchsvollere Einführung in Zusammenhänge, Erkenntnisformen und grundlegende Fähigkeiten und Fertigkeiten« leisten, »die geeignet sind, ein erstes Verständnis der modernen Arbeits-, Berufs- und Wirtschaftswelt, ihrer technischen Voraussetzungen und der gesellschaftlichen und politischen Zusammenhänge . . . zu vermitteln«.
Der praktische und berufsvorbereitende Unterricht besteht in der Regel aus den Fächern Technisches und Textiles Werken, Arbeits-, Haushalts- und Wirtschaftslehre. Die Lehrpläne sehen keine geschlechtsspezifische Differenzierung vor. In den ersten sieben Klassen ist der Werkunterricht für alle Schüler obligatorisch. Die Älteren können unter den einzelnen Bereichen wählen – mit dem Ergebnis, daß sich die Mädchen überwiegend für die Haushaltslehre entscheiden. Nur an den Hauptschulen in Bremen und Berlin werden Jungen und Mädchen durchgängig die gleichen Lerninhalte vermittelt.
Vielfach finden im Rahmen der Arbeitslehre – meist sechswöchige – Betriebspraktika statt. Hier wie bei den Lehrstellen ist es schwer, für Mädchen »untypische« Angebote zu finden.
An den Realschulen und Gymnasien befindet sich der Berufswahlunterricht noch im Experimentierstadium. Die bisher ausgearbeiteten und erprobten Modelle kranken nach Ansicht von Experten vor allem daran, daß sie zu sehr auf die Suche nach einem »Lebensberuf« ausgerichtet sind, anstatt mehr auf Mobilität und Flexibilität zu setzen. Rund 90 Prozent der Haupt- und Realschulabsolventen lassen sich in Einzelgesprächen in den Arbeitsämtern beraten. Die ebenfalls von den Arbeitsämtern veranstalteten Schulbesprechungen – meist nur eine Stunde in den Abgangsklassen – können höchstens einen allgemeinen Überblick über die Lage in den einzelnen Berufen vermitteln.

Betriebliche Ausbildung
Mädchen stellen nur knapp 38 Prozent der Auszubildenden (1980), aber über 60 Prozent aller Arbeitslosen unter 20 Jahren. Ein wesentlicher Grund dafür ist, daß noch immer viele weibliche Jugendliche auf eine Berufsausbildung verzichten und statt dessen eine »ungelernte« Tätigkeit suchen – was in der augenblicklichen konjunkturellen Lage

Schul- und Berufsausbildung

Berufsaufklärung in der Schule

Seit 1958 ist der polytechnische Unterricht für alle Schüler von der 7. Klasse an obligatorisch. Er umfaßt neben den Fächern »Technisches Zeichnen« und »Einführung in die sozialistische Produktion« (unterteilt in verschiedene Lehrgänge wie Maschinenkunde und Elektronik) auch die praktische Arbeit in Industrie- und Landwirtschaftsbetrieben (an den sogenannten Unterrichtstagen in der Produktion). Der polytechnische Unterricht wird als wesentlicher Bestandteil der Allgemeinbildung gesehen und soll eine Verbindung zwischen Schule und moderner Produktion schaffen. In der Erweiterten Oberschule wird er als wissenschaftlich-technische Arbeit fortgesetzt und in die Studienvorbereitung einbezogen.

Mehrere Untersuchungen haben allerdings gezeigt, daß der polytechnische Unterricht in den Betrieben einen bedeutend schwächeren Einfluß auf die Berufswünsche von Jugendlichen ausübt als Schule und Elternhaus. Besonders Mädchen lassen sich eher von persönlichen Ratschlägen (vor allem von Eltern und Bekannten) beeinflussen. Hauptsächlich auf diesen Einfluß wird zurückgeführt, daß »die Bereitschaft der Mädchen, technische Berufe zu erlernen, noch geringer (ist) als die der Jungen. Viele von ihnen sind nicht interessiert oder haben für solche Berufe wenig Selbstvertrauen« (»Zur gesellschaftlichen Stellung der Frau in der DDR«, Leipzig 1979). Die Berufsberatung für Mädchen und ihre Eltern müsse so entwickelt werden, daß sie über die gesellschaftliche Bedeutung und die Vorzüge der »jeweils territorial zu empfehlenden Berufe in der materiellen Produktion«, die Ausbildungs- und Arbeitsbedingungen sowie die gesundheitlichen und leistungsmäßigen Anforderungen gut informiert seien. Die Schulen sollen vor allem das Interesse an sogenannten »Schwerpunktberufen« wecken und mehr weibliche Bewerber für eine technische Ausbildung gewinnen – mit dem Ziel, die Entscheidung der Jugendlichen optimal auf die Situation am Arbeitsmarkt abzustimmen. Sowohl der Abschluß von Lehrverträgen als auch die Zulassung zu den Fach- und Hochschulen erfolgen auf der Grundlage detaillierter Pläne und Richtlinien. Daß dabei individuelle Neigungen und Fähigkeiten immer entsprechend berücksichtigt werden, erscheint zweifelhaft.

Betriebliche Ausbildung

Das Recht und die Pflicht aller Jugendlichen, einen Beruf zu lernen, ist seit 1968 Bestandteil der Verfassung. Rund 99 Prozent aller Schulabgänger, die keine weiterführende Bildungseinrichtung besuchen, beginnen eine Lehre. Der Anteil weiblicher Lehrlinge beträgt rund 45 Prozent. Wenn auch die sogenannten typischen »Frauenberufe« deutlich

immer schwieriger wird. Die übrigen konzentrieren sich zu 85 Prozent in nur 20 Ausbildungsberufen (Verkäuferin, Bürogehilfin, Friseuse, Arzthelferin usw.), unter denen lediglich zwei dem gewerblich-technischen Bereich zuzuordnen sind: Bekleidungsnäherin und technische Zeichnerin (vgl. Tabelle 3, S. 22).

Das Frankfurter Batelle-Institut hat Anfang 1980 eine Untersuchung veröffentlicht, nach der 58 Prozent aller weiblichen Lehrlinge in Berufen mit künftig abnehmender Bedeutung (z. B. Bürogehilfin, Chemielaborantin, Teilzeichnerin) ausgebildet werden, während ihr Anteil in den Zweigen mit steigender Nachfrage (Elektroanlageninstallateur, Maß- und Regelmechaniker oder Datenverarbeitungskaufmann) nicht einmal zehn Prozent ausmacht.

Bund und Länder starteten 1978 Modellversuche zur Ausbildung von Mädchen auf gewerblich-technischem Gebiet. Bei mehreren Zwischenbilanzen herrschte Übereinstimmung darüber, daß Mädchen die geforderten technischen Fertigkeiten genauso gut und schnell erlernen wie Jungen. Sie weisen auch keine höhere Abbruchquote auf, und die Ausbilder sind durchweg zufrieden. Das Förderungsprogramm soll auch in den kommenden Jahren fortgesetzt werden.

Zunehmend wird allerdings darüber geklagt, daß junge Frauen nach Abschluß ihrer Ausbildung in einem »Männerberuf« von den Betrieben nicht weiterbeschäftigt werden. Hier wirkt sich das derzeitige Überangebot an Arbeitskräften besonders negativ aus.

Der allgemeine Mangel an Lehrstellen verschärft im übrigen die Konkurrenzsituation zuungunsten weiblicher Jugendlicher.

Fachschulen

Voraussetzung für den Besuch einer Fachschule ist ein mittlerer Schulabschluß (mittlere Reife oder Fachschulreife, die z. B. nach dem Hauptschulabschluß an einer Berufsaufbauschule erworben werden kann) bzw. eine mindestens zweijährige Berufstätigkeit mit Lehrabschluß. Der Anteil weiblicher Fachschüler an der Gesamtzahl beträgt zur Zeit fast 68 Prozent. Fachschulen dienen einerseits der beruflichen Qualifikation, z. B. zum Techniker, Betriebswirt oder Meister. Hier sind Frauen stark unterrepräsentiert. In einigen Fachschulen mit vollen Ausbildungsgängen, z. B. Gesundheitswesen oder Hauswirtschaft, beträgt der weibliche Anteil über 90 Prozent.

Fachoberschulen bieten die Möglichkeit, mit mittlerem Bildungsabschluß die fachgebundene Hochschulreife zu erwerben. Rund ein Drittel der Schüler sind weiblich.

bevorzugt werden, so hat doch die konsequente Berufslenkung dafür gesorgt, daß die Anzahl weiblicher Lehrlinge im technisch-industriellen Bereich außerordentlich gestiegen ist (vgl. Tabelle 4). Die Diskrepanz zwischen persönlichen Berufswünschen und »gesellschaftlichen Erfordernissen« scheint allerdings weiterhin erheblich zu sein. Der »Harmonisierung« dienen sogenannte »Lenkungsgespräche« mit Lehrern und Berufsberatern. Der »Einbruch« weiblicher Lehrlinge in Industrie und Technik dürfte deshalb wohl in einem erheblichen Ausmaß auf den Modus der Lehrstellenzuweisung zurückzuführen sein. (Ein »Traumberuf« vieler Mädchen in der DDR ist nach wie vor Kosmetikerin. 1981 kamen z. B. in Leipzig auf acht Lehrstellen mehr als 300 Bewerberinnen.)

Fachschulen

Voraussetzung für den Besuch einer Fachschule (in der Regel dreijähriges Studium) ist der Abschluß der 10. Klasse einer POS; für die ökonomischen und technischen Richtungen wird zusätzlich eine abgeschlossene Facharbeiterausbildung verlangt.

Der Anteil weiblicher Fachschüler hat sich zwischen 1970 und 1980 von 35,4 Prozent auf über 70 Prozent verdoppelt. Neben Wirtschaftswissenschaften (weiblicher Anteil 78 Prozent) konzentrieren sie sich vorwiegend auf Bereiche außerhalb der materiellen Produktion. Die starke Zunahme ist u. a. darauf zurückzuführen, daß die Ausbildung für die meisten mittleren medizinischen Berufe seit 1974 an Fachschulen erfolgt. Die Feminisierung der Fachrichtungen Medizin/Gesundheitswesen (weiblicher Anteil etwa 98 Prozent) sowie Pädagogik (Unterstufenlehrer, Kindergärtnerinnen, Hort- und Heimerzieher, weiblicher Anteil rund 90 Prozent) wird ausschließlich auf das »Wirken von Traditionen« zurückgeführt und als unerwünscht kritisiert. Eine Abschwächung dieser Tendenz erwartet man sowohl von einer »Veränderung der Erziehung in der Familie« als auch durch eine »entsprechende Berufs- und Studienberatung.«

Eine größere Anzahl weiblicher Fachschulabsolventen im industriell-technischen Bereich ist vor allem auch ein erklärtes Ziel der beruflichen Qualifizierung. 1967 wurden an den Fachschulen Sonderklassen eingerichtet, um auch erwerbstätigen Frauen mit großer häuslicher Belastung ein Studium zu ermöglichen (vgl. dazu S. 35).

Schul- und Berufsausbildung

Tabelle 3
Auszubildende nach Berufsgruppen 1979

Berufsgruppen	männl.	weibl.	insg.	weibl. %
Landwirte	20 497	562	21 059	2,7
Tierzüchter, Fischereiberufe	427	79	506	15,6
Landwirtschaftliche Arbeitskräfte, Tierpfleger	265	245	510	48,0
Gartenbauer	11 777	11 588	23 365	49,6
Forst-, Jagdberufe	1 784	–	1 784	–
Bergleute	6 986	1	6 987	0,01
Mineralaufbereiter	–	–	–	–
Steinbearbeiter	2 362	111	2 473	4,5
Baustoffhersteller	532	–	532	–
Keramiker	500	466	966	48,2
Glasmacher	973	76	1 049	7,2
Chemiearbeiter	4 717	548	5 265	10,4
Kunststoffverarbeiter	1 478	20	1 498	1,3
Papierhersteller, -verarbeiter	2 172	456	2 628	17,3
Drucker	8 150	2 304	10 454	22,0
Holzaufbereiter, Holzwarenfertiger und verwandte Berufe	1 266	67	1 333	5,0
Metallerzeuger, Walzer	1 248	1	1 249	0,08
Former, Formgießer	1 385	5	1 390	0,3
Metallverformer (spanlos)	245	5	250	2,0
Metallverformer (spanend)	14 435	190	14 625	1,3
Metalloberflächenbearbeiter, -vergüter, -beschichter	934	284	1 218	23,3
Metallverbinder	1 539	–	1 539	–
Schmiede	4 510	14	4 524	0,3
Feinblechner, Installateure	63 406	145	63 551	0,2
Schlosser	103 605	343	103 948	0,3
Mechaniker	143 538	1 206	144 744	0,2
Werkzeugmacher	27 540	234	27 774	0,8
Metallfeinbauer und zugeordnete Berufe	11 769	8 295	20 064	41,3
Elektriker	131 574	1 502	133 076	1,1
Spinnberufe	463	189	652	29,0
Textilhersteller	1 406	546	1 952	28,0
Textilverarbeiter	916	22 558	23 474	96,1
Textilveredler	771	50	821	6,1
Lederhersteller, Leder- und Fellverarbeiter	2 838	2 626	5 464	48,1
Back-, Konditorwarenhersteller	32 181	3 573	35 754	10,0
Fleisch-, Fischverarbeiter	23 364	285	23 649	1,2
Speisenbereiter	16 915	3 531	20 446	17,3
Getränke-, Genußmittelhersteller	1 712	26	1 738	1,5
Übrige Ernährungsberufe	1 024	45	1 069	4,2
Maurer, Betonbauer	42 784	45	42 829	0,1

Schul- und Berufsausbildung

Tabelle 4
Aufnahme von Schulabgängern in die Berufsausbildung
nach ausgewählten Berufsgruppen 1980

Berufsgruppen	insg.	davon weibl.	weibl. %
Chemie	4 795	3 911	81,6
Facharbeiter für chemische Produktion	2 328	1 921	82,5
Laborant	842	822	97,6
Energie	3 203	1 277	39,9
Maschinist	2 548	1 152	45,2
Metallurgie/Werkstoffwesen	2 558	457	17,9
Metallurge für Erzeugung	254	49	19,3
Metallurge für Formgebung	628	254	40,4
Maschinen-, Apparate- und Anlagenbau	44 599	4 585	10,3
Maschinen- und Anlagenmonteur	7 178	596	8,3
Maschinenbauer	1 830	202	11,0
Instandhaltungsmechaniker	9 557	539	5,6
Fahrzeugschlosser	8 932	142	1,6
Installateur	3 960	4	0,1
Fertigungs- und Verfahrenstechnik	16 469	4 519	27,4
Facharbeiter für Fertigungsmittel	3 323	395	11,9
Facharbeiter für Schweißtechnik	757	25	3,3
Facharbeiter für Anlagentechnik	1 985	1 203	60,6
Zerspanungsfacharbeiter	7 554	2 144	28,4
Elektrotechnik/Elektronik	15 580	3 247	20,8
Elektronikfacharbeiter	2 210	1 101	49,8
Elektromonteur	7 801	517	6,6
Automatisierungstechnik	4 122	2 233	54,2
Facharbeiter für BMSR-Technik	1 882	424	22,5
Facharbeiter für Datenverarbeitung	1 786	1 479	82,8
Holz	3 604	584	16,2
Facharbeiter für Holztechnik	1 087	394	36,2
Tischler	1 585	54	3,4
Textil/Bekleidung	10 645	9 828	92,3
Facharbeiter für Textiltechnik	4 648	4 489	96,6
Kleidungsfacharbeiter	3 082	3 078	99,9
Leder/Kunstleder	1 734	1 542	88,9
Schuhfacharbeiter	679	654	96,3
Lebensmittelindustrie	7 453	3 960	53,1
Backwarenfacharbeiter	2 299	1 484	64,5
Facharbeiter für Fleischerzeugnisse	1 287	468	36,4
Facharbeiter für Milchwirtschaft	386	344	89,1
Handel/Gastronomie/Dienstleistungen	28 819	25 345	87,9
Fachverkäufer	10 989	10 791	98,2
Koch	5 739	3 607	62,8
Textilreinigungsfacharbeiter	982	965	98,3
Friseur	1 810	1 781	98,4
Damenmaßschneider	872	872	100,0

Bundesrepublik Deutschland
Schul- und Berufsausbildung

Berufsgruppen	männl.	weibl.	insg.	weibl. %
Zimmerer, Dachdecker, Gerüstbauer	19 475	49	19 524	0,2
Straßen-, Tiefbauer	3 985	6	3 991	0,1
Bauausstatter	12 242	157	12 399	1,3
Raumausstatter, Polsterer	4 998	1 275	6 273	20,3
Tischler, Modellbauer	46 177	1 157	47 334	2,4
Maler, Lackierer und verwandte Berufe	37 968	1 539	39 507	3,9
Warenprüfer, Versandfertigmacher	1 229	207	1 436	14,4
Maschinisten und zugehörige Berufe	1 138	11	1 149	0,9
Techniker	2 411	723	3 134	23,1
Technische Sonderfachkräfte	20 912	20 470	41 382	49,5
Warenkaufleute	70 147	177 092	247 239	71,6
Bank-, Versicherungskaufleute	26 210	26 667	52 877	50,4
Andere Dienstleistungskaufleute und zugehörige Berufe	7 142	6 840	13 982	48,9
Berufe des Landverkehrs	1 308	407	1 715	23,7
Berufe des Wasser- und Luftverkehrs	1 824	14	1 838	0,8
Berufe des Nachrichtenverkehrs	6 493	2 010	8 503	23,6
Lagerverwalter, Lager-, Transport-arbeiter	–	6	6	100
Unternehmer, Organisatoren, Wirtschaftsprüfer	3 950	15 373	19 323	79,5
Rechnungskaufleute, Datenverarbeitungsfachleute	831	430	1 261	34,1
Bürofach-, Bürohilfskräfte	45 708	143 470	189 178	75,8
Sicherheitswahrer	1 262	22	1 284	1,7
Publizisten, Dolmetscher, Bibliothekare (Assistent an Bibliotheken)	31	373	404	92,3
Künstler und zugeordnete Berufe	3 833	5 993	9 826	61,0
Übrige Gesundheitsdienstberufe	70	57 854	57 924	99,9
Lehrer (nur Schwimmeistergehilfe)	938	403	1 341	30,0
Körperpfleger	3 035	69 803	72 838	95,8
Gästebetreuer	4 309	13 314	17 623	75,5
Hauswirtschaftliche Berufe	9	13 257	13 266	99,9
Reinigungsberufe	1 381	472	1 853	25,5

Quelle: Statistisches Jahrbuch 1981

Hochschulen

An den westdeutschen Hochschulen hängt die Entscheidung für die einzelnen Disziplinen theoretisch von den individuellen Studienwünschen ab. Allerdings ist die Wahlfreiheit in der Praxis durch den Numerus clausus erheblich eingeschränkt. Der Anteil weiblicher Studenten hat sich bis Ende der sechziger Jahre relativ kontinuierlich erhöht und 1968 die 30-Prozent-Grenze überschritten. Die seither erreichte Zuwachsrate ist gering. Im Wintersemester 1979/80 waren 36 Prozent aller Studenten weiblich.

Bei der Wahl der Studienfächer zeigten sich lange Zeit kaum Verän-

Schul- und Berufsausbildung

Berufsgruppen	insg.	davon weibl.	weibl. %
Land-, Forst- und Fischwirtschaft	18 019	8 468	47,0
Agrotechniker/Mechanisator	4 319	829	19,2
Gärtner	2 304	1 870	81,2
Zootechniker/Mechanisator	5 245	4 018	76,6
Bauwesen	30 198	2 994	9,9
Betonwerker	605	125	20,7
Baumaschinist	1 422	15	1,0
Baufacharbeiter	8 596	914	10,6
Maurer	1 985	30	1,5
Dachdecker	728	–	
Maler	1 841	114	6,2
Verkehr und Transport	8 078	4 309	53,3
Facharbeiter für Eisenbahntransporttechnik	2 610	1 954	74,9
Post-, Fernmelde- und Nachrichtenwesen	4 237	2 407	56,9
Facharbeiter für Nachrichtentechnik	2 277	571	25,1
Facharbeiter für Betrieb und Verkehr des Post- und Zeitungswesens	1 432	1 358	94,8
Wirtschaft und Verwaltung	17 369	16 873	97,1
Wirtschaftskaufmann	8 526	8 159	95,7
Facharbeiter für Schreibtechnik	7 203	7 192	99,8

Quelle: Statistisches Jahrbuch 1981

Hochschulen

Die Zahl der Studienplätze wird für jede Fachrichtung zentral festgelegt und je nach Bedarf erhöht oder herabgesetzt. Entsprechend ihrer volkswirtschaftlichen Bedeutung nahmen die technischen und naturwissenschaftlichen Fakultäten z. B. 1972 mehr als doppelt so viele Studenten auf wie zehn Jahre zuvor. Dagegen war in einzelnen, von Frauen bevorzugten Disziplinen ein erheblicher Rückgang zu verzeichnen: z. B. Musik, bildende Kunst, Germanistik, Anglistik, Slawistik, Romanistik, Medizin. Da die Zahl der Studentinnen im gleichen Zeitraum kontinuierlich bis auf 41,2 Prozent stieg, mußten sich die Anteile in den einzelnen Fachbereichen notwendigerweise verschieben. Die Entwicklung läßt sich nicht exakt verfolgen, da entsprechende Angaben nur sporadisch veröffentlicht werden. 1975 betrug der Anteil weiblicher Studenten in den technischen Wissenschaften etwa 29, bei Mathematik und Naturwissenschaften rund 43 Prozent.

1980 war knapp die Hälfte aller Studenten in der DDR weiblich. In den traditionell bevorzugten Disziplinen Pädagogik, Literatur- und Sprachwissenschaften (weiblicher Anteil über 70 Prozent) sowie Medizin (weiblicher Anteil knapp 60 Prozent) ist allerdings die Nachfrage seit Jahren größer als das Angebot. Dagegen haben die Universitäten Schwierigkeiten, die staatlichen Zu-

derungen: Einer fortschreitenden Feminisierung des Lehrberufs sowie einem zunehmenden Interesse an Pharmazie und Medizin stand eine gleichbleibend geringe Neigung zu technischen und naturwissenschaftlichen Disziplinen gegenüber. Erst in den letzten Jahren brachen viele Studentinnen aus den traditionellen Bahnen aus. In den Geisteswissenschaften stieg ihr Anteil zwischen 1975 und 1979 nur noch um 11,4 Prozent, in den technischen Disziplinen dagegen um 26,6 Prozent und an den wirtschafts- und sozialwissenschaftlichen Fakultäten sogar um 40 Prozent. Mit mehr als 60 Prozent hatte die Medizin in diesem Zeitraum den größten Zuwachs an weiblichen Aspiranten zu verzeichnen.

Tabelle 5
Anteile weiblicher Studenten
im Wintersemester 1979/80
in ausgewählten Fachbereichen (in Prozent)

Humanmedizin	34,6
Zahnmedizin	24,3
Veterinärmedizin	40,7
Pharmazie	54,7
Rechtswissenschaft	30,9
Wirtschaftswissenschaften	23,2
Politik und Sozialwissenschaften	37,2
Sozialwesen	64,5
Kunstwissenschaft	54,1
Germanistik	61,0
Englisch (einschl. Amerikanistik)	67,9
Mathematik	35,4
Informatik	17,0
Ingenieurwissenschaften	8,6
Physik, Astronomie	9,1
Elektrotechnik	1,6

Quelle: errechnet aus Statistisches Jahrbuch 1981

Beim wissenschaftlichen Personal der Hochschulen ist der Frauenanteil gering. Das Statistische Bundesamt gab für 1977 folgende Zahlen an:

wissenschaftliches Personal insgesamt:
89 476   davon 10 743 Frauen

Professoren, Dozenten:
26 788   davon 1485 Frauen

Fachhochschullehrer:
Professoren 15 807   davon 789 Frauen
Dozenten 2561   davon 262 Frauen

Assistenzprofessoren, Hochschulassistenten usw.:
19 353   davon 2305 Frauen

wissenschaftliche Mitarbeiter:
26 159   davon 4108 Frauen

Studienabbruch

Weibliche Studenten geben ihr Studium viel häufiger vorzeitig auf als männliche. Wissenschaftliche Untersuchungen nennen dafür übereinstimmend folgende Hauptgründe: Heirat und Geburt von Kindern, ungenügende Motivation, finanzielle Schwierigkeiten, psychische Probleme. Alle vier Faktoren hängen mehr oder weniger direkt mit der herrschenden Rollenerwartung zusammen, nach der die Frau in erster Linie für den häuslichen Bereich zuständig sein soll. Helge Pross, Professorin für Soziologie, meint dazu: »Die Schwierigkeiten, die sich aus der gesellschaftlichen Arbeitsteilung zwischen den Geschlechtern, der Ideologie und ihrer Realisierung

lassungspläne in den technischen Wissenschaften zu erfüllen. In den letzten 20 Jahren wird immer wieder dafür plädiert, durch eine gezielte Studienberatung mehr Abiturientinnen für diesen Fachbereich zu gewinnen. Doch nach wie vor entscheiden sich viele Mädchen offensichtlich nur notgedrungen für die Technik, um überhaupt studieren zu können. Dafür spricht jedenfalls, daß sie bei Befragungen im Vergleich zu jungen Männern größere Angst vor den Anforderungen des Studiums zeigen und hinsichtlich der Realisierung ihrer Lebenspläne allgemein skeptischer sind. Dabei spielt auch die Überlegung mit, ob und wie es gelingen wird, die berufliche Tätigkeit mit einer Familiengründung zu vereinbaren. Männliche Jugendliche sehen in dieser Hinsicht keine Probleme.

Die Zulassung zum Studium erfolgt generell »nach dem Leistungsprinzip unter Berücksichtigung der sozialen Struktur der Bevölkerung und auf der Grundlage der durch den Volkswirtschaftsplan festgelegten Ausbildungskapazitäten«. Die Zulassungskommissionen haben vor allem auch die politische Einstellung der Bewerber zu prüfen. Sie müssen u. a. die Bereitschaft nachweisen, »alle Forderungen der sozialistischen Gesellschaft vorbildlich zu erfüllen«, und sich einverstanden erklären, nach Abschluß des Studiums ein Arbeitsverhältnis gemäß dem »Einsatzbeschluß« sogenannter Kommissionen für Absolventenvermittlung aufzunehmen.

Bedingung für die Aufnahme eines Studiums ist in der Regel das Abitur. Daneben können »bewährte junge Facharbeiter« die Hochschulreife für festgelegte Studienrichtungen in einjährigen »Vorkursen« erwerben, die mit Prüfungen abgeschlossen werden.

Studienabbruch

Heirat und vor allem die Geburt von Kindern geben Studentinnen am häufigsten als Grund für einen Studienabbruch an. Daraus wurden 1972 überzeugende Konsequenzen gezogen. Die »Anordnung zur Förderung von Studentinnen mit Kind und werdenden Müttern, die sich im Studium befinden«, geht von dem Grundsatz aus, daß »nach Möglichkeit keine Studienunterbrechung notwendig ist«. Im einzelnen gelten folgende Regelungen: 1. Teile des Lehr- und Ausbildungsprogramms, die den Gesundheitszustand der werdenden Mutter ungünstig beeinflussen könnten, sind auf Antrag der Studentin und nach Vorlage einer ärztlichen Bescheinigung auszusetzen. 2. Die Sektions- bzw. Abteilungs- oder Fachbereichsleiter an den Hoch- und Fachschulen sind verpflichtet, auf Wunsch der Studentinnen besondere Förderungsvereinbarungen abzuschließen. Diese sollen folgende Maßnahmen enthalten: Aufholen des Studienausfalls, Verlegung von Prüfungen und

in der ›männlichen‹ Prägung der Universität ergeben, scheinen so groß, daß die Studienmotivation zusammenbricht, wenn weitere Belastungen hinzutreten.«

1951 waren nur acht Prozent der männlichen und drei Prozent der weiblichen Studenten verheiratet, 1971 jeweils 15 Prozent. Die Heirat allein ist immer seltener der Grund für einen Studienabbruch. Studium und Mutterschaft dagegen sind ohne spezielle Unterstützung schwer zu vereinbaren. Zwei Probleme stehen im Vordergrund: die Fortsetzung des Studiums während bzw. nach der Schwangerschaft und die Unterbringung der Kinder. Doch bisher enthalten die Studienordnungen keine Sonderregelungen für werdende Mütter bzw. Studentinnen mit Kindern (z. B. Verlegungen von Prüfungen, Förderkurse, um Versäumtes nachzuholen, finanzielle Unterstützung, Kindergartenplätze).

Hilfe bei der Vorbereitung, Anwendung von Rechtsvorschriften zum Schutz von Mutter und Kind (vor allem regelmäßige gesundheitliche Betreuung). 3. Die Leiter der Hoch- und Fachschulen müssen für Plätze in Krippen und Kindergärten sorgen.

Außerdem erhalten Studentinnen für jedes Kind einen monatlichen Versorgungszuschuß von 50 Mark. Alleinstehende haben Anspruch auf eine höhere Unterstützung, wenn sie ihre Kinder nicht in einer Krippe unterbringen können (bei einem Kind 125 Mark, zwei Kindern 150 Mark, drei und mehr Kindern 175 Mark monatlich). Alle diese Beihilfen werden unabhängig vom Stipendium gezahlt.

Zweites Kapitel

Beruf

Beruf

Erwerbsquoten nach Alter,
Familienstand und Kinderzahl
Rund 38 Prozent aller Erwerbstätigen sind Frauen (1980). Die Erwerbsquote der weiblichen Bevölkerung – insgesamt 50,2 Prozent – ist je nach Familienstand recht unterschiedlich: ledig = 60,7; verheiratet = 46,1; verwitwet = 34,1; geschieden = 76,3 Prozent, bezogen auf jeweils 100 Frauen entsprechenden Familienstandes zwischen 15 und 65 Jahren (1980).

Etwa ein Drittel aller Frauen ist durchgehend erwerbstätig, ein weiteres Drittel unterbricht die Erwerbsarbeit wegen Familienaufgaben, ein Drittel gibt die Arbeit nach der Geburt eines Kindes endgültig auf. Die Rückkehr in den Beruf nach längerer Unterbrechung ist ohne besondere Förderungsmaßnahmen außerordentlich schwierig (vgl. S. 34). Jede dritte berufstätige Mutter hat Kinder unter 15 Jahren, jede neunte unter sechs Jahren.

Tabelle 6
Erwerbsquoten nach Altersgruppen und Familienstand[1] (1980)

Alter von … bis	zusammen %	ledig %	verheiratet %	verwitwet %	geschieden %
15–20	41,4	40,9	55,3	–	–
20–25	71,1	76,9	62,3	–	82,0
25–30	62,5	84,8	55,3	64,7	83,1
30–35	56,2	88,5	51,2	60,3	82,1
35–40	55,4	90,9	50,8	57,8	84,8
40–45	54,9	88,6	50,7	61,0	83,4
45–50	52,2	88,1	47,5	57,9	81,8
50–55	47,1	86,8	41,4	49,5	77,9
55–60	38,7	77,2	31,8	37,4	72,4
60–65	13,0	26,3	11,2	11,0	23,7
65 und mehr	3,0	6,5	3,2	2,2	4,1

1 Anteil der erwerbstätigen Frauen an 100 Frauen mit entsprechendem Alter und Familienstand.
Quelle: Statistisches Jahrbuch 1981

Tabelle 7
Berufstätige Frauen mit Kindern[1] (1980)

	unter 18 Jahren %	unter 15 Jahren %	unter 6 Jahren %
1 Kind	48,6	47,3	38,9
2 Kinder	39,9	37,4	26,2[2]
3 und mehr Kinder	35,1	31,4	

1 Anteil der erwerbstätigen Frauen von 15 bis 65 Jahre an 100 Frauen mit Kindern entsprechender Zahl und Altersgruppe.
2 Zwei und mehr Kinder.
Quelle: Statistisches Jahrbuch 1981

Beruf

Erwerbsquoten nach Alter,
Familienstand und Kinderzahl
Seit 1979 sind rund 50 Prozent aller
Beschäftigten Frauen. In den Statistischen Jahrbüchern der DDR fehlt
eine Aufgliederung nach Altersgruppen, Familienstand und Kinderzahl. Die außerordentlich hohe
Erwerbsquote – rund 87 Prozent aller weiblichen DDR-Bürger zwischen 15 und 60 Jahren befinden sich
entweder in der Ausbildung oder im
Beruf – läßt jedoch darauf schlie
ßen, daß die Unterschiede zwischen
den einzelnen Gruppen nicht allzu
gravierend sein können. Die
Schwierigkeit, berufliche und häusliche Aufgaben miteinander zu vereinbaren, drückt sich bedeutend seltener als in der Bundesrepublik in
einem dauernden oder zeitweiligen
Verzicht auf Erwerbstätigkeit aus.
Der Anteil verkürzt arbeitender
Frauen ist allerdings mit rund 30
Prozent recht hoch (vgl. dazu S. 81).
Soziologische Untersuchungen in
Industrie und Handel der DDR geben Hinweise darauf, inwieweit die
von staatlicher Seite stets präferierte *kontinuierliche Berufstätigkeit*
durchgesetzt werden konnte. Bei
diesen Untersuchungen, in die 4000
Frauen einbezogen waren, wurden
Unterbrechungen der Erwerbsarbeit in den Jahren 1964 bis 1974 erfaßt. Insgesamt hatten 29 Prozent
der Befragten ihre Tätigkeit im Untersuchungszeitraum unterbrochen,
darunter etwa 16 Prozent zwischen
einem bis zu fünf Jahren, 6,5 Prozent länger als drei Jahre. Zwischen
Kinderzahl und Unterbrechung
wurde ein enger Zusammenhang
festgestellt: Während von den Frauen mit einem Kind etwa 29 Prozent
zeitweilig aus dem Erwerbsleben
ausschieden, waren es bei denen mit
drei Kindern etwa 40 Prozent, mit
fünf und mehr Kindern über 70 Prozent. Dabei ist zu bedenken, daß es
Anfang der siebziger Jahre noch bedeutend weniger öffentliche Kindereinrichtungen (vgl. dazu S. 91) als
heute gab.

Ausbildungsstand
1970 hatten 40 Prozent aller Arbeitnehmerinnen eine Lehre oder An-
lernzeit absolviert, 9,8 Prozent eine
Berufsfach- oder Fachschule besucht und 2,8 Prozent ein Hoch-
schulstudium abgeschlossen. Der
Anteil der »Ungelernten« ging insgesamt von 46,6 Prozent (1970) auf
43,6 Prozent (1978) zurück. Im gleichen Zeitraum war bei den Jüngeren
eine beachtliche Steigerung des
Ausbildungsniveaus zu verzeichnen: Von den 30–35jährigen erwerbstätigen Frauen waren 1978
24,5 Prozent ohne Berufsabschluß
(1970 = 45,2 Prozent). In der gleichen Altersgruppe hatten 1978 11,7
Prozent der berufstätigen Frauen einen Hoch- oder Fachhochschulab-
schluß (1970 = 5,1 Prozent).

Berufliche Weiterbildung
Das Ausbildungsgefälle zwischen
männlichen und weiblichen Arbeitnehmern nimmt nur langsam ab.
Die berufliche Weiterbildung spielt
dabei bisher eine relativ \geringe
Rolle. Eine Repräsentativumfrage
im April 1970 ergab, daß zwischen
1965 und 1970 von insgesamt 17,5
Millionen Erwerbstätigen der Ge-
burtenjahrgänge 1916 bis 1950 nur
9,7 Prozent an Fortbildungs- und
zwei Prozent an Umschulungsmaß-
nahmen teilgenommen haben.
Mehr als drei Viertel von ihnen waren Männer. Frauen, die keine weiterführende Schule besucht haben,
bringen nur selten die nötige Initiati-

ve auf. Zudem benutzen sie die an-
gebotenen Fortbildungsmöglichkei-
ten in den seltensten Fällen dazu, einen Berufsabschluß nachzuholen
(1969 nur 3,3 Prozent aller geförderten Frauen, obwohl 45,1 Prozent der
Gesamtzahl keine abgeschlossene
Berufsausbildung hatten).
Seit im Juli 1969 das Arbeitsförde-
rungsgesetz (AFG) in Kraft trat, hat
die Teilnahme an berufsbildenden
Veranstaltungen bedeutend zugenommen. Wurden 1969 83 000 Arbeitnehmer gefördert, so waren es
1971 bereits 288 000. Das Gesetz ist
auf Maßnahmen ausgerichtet, an
denen ein arbeitsmarktpolitisches
Interesse besteht. Dazu zählen vor
allem:
1. Sicherung und Erweiterung der
   beruflichen Beweglichkeit;
2. beruflicher Aufstieg, Erweiterung der Kenntnisse;
3. Verhinderung von Arbeitslosigkeit;
4. Nachholen von beruflichen Abschlüssen;
5. Eintritt oder Rückkehr weiblicher Arbeitsuchender in das Erwerbsleben.
Die Förderungssätze richten sich
nach Familienstand und bisherigem
Verdienst. Zusätzlich werden die
Kosten für Lehrgangsgebühren,
Lernmittel, Fahrten zwischen
Wohnraum und Schulungsstätte,
Kranken- und Unfallversicherung
übernommen.
Von 1970 bis 1976 haben 13,1 Prozent der männlichen und 9,4 Prozent

Ausbildungsstand

1971 (Volkszählung) besaßen 35,9 Prozent aller erwerbstätigen Frauen einen Facharbeiterabschluß, 1,1 Prozent waren Meister, 6,9 Prozent hatten eine Fachschule und 3,0 Prozent eine Hochschule absolviert. 1977 hatten sich diese Daten wie folgt verändert: 51,3 Prozent Abschluß als Facharbeiter und Meister, 12 Prozent Abschluß einer Fachschule, 4 Prozent Abschluß eines Hochschulstudiums.

Berufliche Weiterbildung
(Qualifizierung)

Die berufliche Weiterbildung bzw. Qualifizierung nimmt im Bildungswesen der DDR einen hervorragenden Platz ein. Für weibliche Beschäftigte müssen die Betriebe bereits seit 1952 sogenannte *Frauenförderungspläne* aufstellen, deren Ziel der Abbau des Ausbildungsdefizits im Vergleich zu den Männern ist. Das Interesse der Frauen an einer Qualifizierung variiert nach dem Ausbildungsstand. Während von den Hochschulabsolventinnen 82 Prozent »stark bis sehr stark« an einer Weiterbildung interessiert sind, liegt dieser Anteil unter Arbeiterinnen bei 59 Prozent (nach »Junge Frauen heute – wie sie sind, was sie wollen«, Leipzig 1981).

1980 haben über 100 000 erwerbstätige Frauen im Rahmen der Qualifizierung einen Berufsabschluß erworben, rund 580 000 an Maßnahmen zur beruflichen bzw. allgemeinen Weiterbildung teilgenommen. Frauen mit großer häuslicher Belastung werden dabei besonders günstige Konditionen angeboten:

1963 wurde in der DDR das sogenannte *Frauensonderstudium* eingeführt, das hauptsächlich berufstätigen Müttern mehrerer Kinder sowie Frauen, die pflegebedürftige Personen zu betreuen haben, die Möglichkeit geben soll, eine höhere fachliche Qualifikation zu erwerben. Die Einrichtung von *Frauensonderklassen* wurde 1967 für die Fachschulen, 1969 für die Hochschulen gesetzlich vorgeschrieben. Die bis heute gültige »Anordnung zur Durchführung der Ausbildung von Frauen im Sonderstudium an den Fach- und Hochschulen« ersetzte dann im Mai 1970 die bis dahin gültigen Regelungen. Sie zielt darauf ab, Frauen, »die sich beim Aufbau der sozialistischen Gesellschaft bewährt haben und die durch die Versorgung der im Haushalt lebenden Kinder besondere Pflichten tragen, für leitende Tätigkeiten in allen Bereichen der sozialistischen Gesellschaft« auszubilden. Betriebe, die Frauen zum Sonderstudium delegieren, schließen mit den auszubildenden Institutionen Verträge ab, in denen die Verpflichtungen beider Seiten festgehalten sind. So muß der Betrieb für diejenigen Frauen, die ein Direktstudium aufnehmen (etwa ein Viertel der Sonderstudentinnen an den Fachschulen, rund die Hälfte an den Hochschulen), einen finanziellen

der weiblichen Erwerbstätigen an Maßnahmen zur beruflichen Weiterbildung bzw. Umschulung teilgenommen, wobei ein deutlicher Zusammenhang mit dem Niveau des Schulabschlusses nachweisbar ist.

Tabelle 8
Teilnahme an beruflicher Weiterbildung nach Schulabschluß[1]

	Männer %	Frauen %
mit Hauptschulabschluß	11,8	7,9
mit Realschul- oder gleichwertigem Abschluß	17,0	12,7
mit Fachschul-/ Hochschulreife	17,8	17,0

1 Anteil an 100 Erwerbspersonen mit gleichem Geschlecht·und Schulabschluß
Quelle: Frauen '80, Bonn 1981 (herausgegeben vom Bundesministerium für Jugend, Familie und Gesundheit).

Wenn man die Teilnahme an der Weiterbildung nach der Stellung im Beruf aufgliedert, zeigt sich zwischen Beamten/Angestellten und Arbeitern ein sehr starkes Gefälle.

Tabelle 9
Teilnahme an Weiterbildungsmaßnahmen nach der Stellung im Beruf

	Männer %	Frauen %
Beamte	18,7	16,7
Angestellte	18,9	12,1
Arbeiter	9,4	5,7

Quelle: Frauen '80

Die Teilnahme von Frauen an beruflicher Weiterbildung hat in den letzten Jahren zwar kontinuierlich zugenommen, ist aber angesichts ihres Ausbildungsdefizits immer noch äußerst gering zu nennen. Das gilt insbesondere für Arbeiterinnen, die kaum die Chance wahrnehmen, einen früher versäumten Berufsabschluß nachzuholen. Jüngere Frauen mit mittlerer und höherer Schulbildung streben dagegen in zunehmender Zahl über Weiterbildungskurse einen beruflichen Aufstieg an. Allerdings zeigt sich auch hier eine deutliche Konzentration auf sogenannte Frauenberufe. Rund vier Fünftel der weiblichen Teilnehmer bilden sich im Dienstleistungssektor weiter, wobei die Organisations-, Verwaltungs- und Büroberufe an erster und die Gesundheitsdienst-, Sozial- und Erziehungsberufe an zweiter Stelle stehen. Auf gewerbliche Berufe (insbesondere im Bereich Textil/Bekleidung) entfallen dagegen nur 10 Prozent der von weiblichen Erwerbstätigen wahrgenommenen Weiterbildungsveranstaltungen.
Etwa die Hälfte aller Teilnehmer an Weiterbildungsmaßnahmen wird nach dem AFG gefördert. Unter den 1978 neu in diese Förderung einbezogenen Arbeitnehmern waren knapp 53 000 (30 Prozent) Frauen, von denen 53 Prozent vorher arbeitslos waren.
Neben dem AFG können auch das Bundesausbildungsförderungsgesetz (1971) und das Berufsbildungsgesetz (1969) die Rückkehr in den Beruf bzw. den Aufstieg erleich-

Ausgleich zum Grundstipendium zahlen, das an den Hochschulen 190 Mark, an den Fachschulen 160 Mark beträgt. Der finanzielle Ausgleich umfaßt die Differenz bis zu 80 Prozent des bisherigen Nettoeinkommens, wobei Stipendium und Betriebszuschuß zusammen nicht mehr als 800 Mark ausmachen dürfen. Die Studentinnen, die ein Fern- oder Abendstudium absolvieren, haben pro Studienjahr Anspruch auf insgesamt 100 Tage bezahlte Freistellung von der Arbeit. Außerdem sind die Betriebe gehalten, die Studienergebnisse regelmäßig zu kontrollieren und ein Jahr vor Abschluß des Studiums den späteren qualifikationsgerechten Einsatz der Studentin festzulegen. (Daß viele Betriebe diese Auflagen nur unzulänglich erfüllen, ist in Fachpublikationen des öfteren beklagt worden.)

Die Hoch- und Fachschulen sind ihrerseits verpflichtet, alle möglichen Voraussetzungen für ein erfolgreiches Studium zu schaffen, d. h. vor allem, besonders geeignete Dozenten auszuwählen und, soweit erforderlich, eine individuelle Betreuung und Förderung der Studentinnen sicherzustellen.

Die Studentinnen schließlich haben sowohl in den delegierenden Betrieben als auch mit den Hoch- bzw. Fachschulen Studienverträge abzuschließen, in denen sie sich zu »vorbildlicher Arbeits- und Studiendisziplin« verpflichten.

Bis einschließlich 1976 haben rund 15 000 Frauen mit Erfolg ein Sonderstudium abgeschlossen – die weitaus meisten (etwa 13 000) an Fachschulen. In den letzten Jahren hat diese Studienform allerdings zunehmend an Bedeutung verloren. Man führt das vornehmlich darauf zurück, daß die Mehrzahl der für Leitungsfunktionen geeigneten weiblichen Angestellten die entsprechende Qualifikation bereits im Rahmen ihrer normalen Berufsausbildung erworben hat, der Nachholbedarf also mehr oder weniger gedeckt ist. Kritisiert wird allerdings, daß kaum Facharbeiterinnen zu einem Studium motiviert werden. Zur Förderung von »bewährten Arbeiterkadern« heißt es in dem Band »Zur gesellschaftlichen Stellung der Frau in der DDR« (Leipzig 1979): »Es kommt gegenwärtig darauf an, den Anteil der Arbeiterinnen an den Sonderstudentinnen bedeutend zu erhöhen und mehr als bisher darauf zu orientieren, daß technische oder naturwissenschaftliche Disziplinen studiert werden. Die Arbeiterinnen, die in der Erwachsenenqualifizierung den Facharbeiterabschluß erworben haben, aber auch junge Frauen, die als Lehrlinge vor einigen Jahren ausgebildet wurden, mit einem Sonderstudium zu fördern, wird noch längere Zeit notwendig sein.«

Die hier angesprochenen Arbeiterinnen, die ihren Facharbeiterabschluß im Rahmen der beruflichen Qualifizierung erworben haben,

Beruf

tern. Die Altersgrenze für die Förderung des Besuchs weiterführender allgemein- und berufsbildender Schulen sowie von Akademien und Hochschulen wurde 1971 generell auf 35 Jahre festgesetzt. Die Grenze kann überschritten werden, wenn die Art der Ausbildung oder die Lage des einzelnen es rechtfertigen. Diese Regelung soll nach dem Willen der Bundesregierung »besonders auch verheirateten, getrennt lebenden oder geschiedenen Frauen« die Möglichkeit eröffnen, nachträglich einen Beruf zu erlernen oder eine früher abgebrochene Ausbildung abzuschließen.

Art der Beschäftigung
Das Spektrum der von Frauen ausgeübten Tätigkeiten ist klein: Rund 75 Prozent aller weiblichen Erwerbspersonen konzentrieren sich auf nur 12 Berufsgruppen. Dabei stehen Arbeitsplätze in Organisation, Verwaltung und Büro an erster Stelle, gefolgt von Handel und Gesundheitswesen. Modellprojekte zur Umschulung von Frauen in gewerblich-technische Berufe stellen einen Versuch dar, die geschlechtsspezifische Aufteilung des Arbeitsmarktes aufzubrechen. Angesichts der hohen Arbeitslosigkeit sind die Erfolgsaussichten auf absehbare Zeit allerdings gering.

Frauen sind zu etwa 50 Prozent als Angestellte, zu knapp über 30 Prozent als Arbeiterinnen tätig. (Der Rest verteilt sich auf Selbständige, mithelfende Familienangehörige und Beamtinnen.) Die Arbeiterinnen sind überwiegend in folgenden Zweigen beschäftigt: Metall- und Elektroindustrie, Textil- und Bekleidungsindustrie, Chemische Industrie, Druckerei und graphisches Gewerbe sowie Nahrungs- und Genußmittelindustrie.

Tabelle 10
Anteile der weiblichen Beschäftigten nach Wirtschaftsabteilungen 1980

	%
Land- und Forstwirtschaft, Tierhaltung und Fischerei	49,1
Energiewirtschaft und Wasserversorgung, Bergbau	9,8
Verarbeitendes Gewerbe (ohne Baugewerbe)	28,7
Baugewerbe	8,2
Handel	55,1
Verkehr und Nachrichtenübermittlung	21,3
Kreditinstitute und Versicherungsgewerbe	48,1
Dienstleistungen (soweit nicht an anderer Stelle genannt)	62,0
Organisation ohne Erwerbscharakter und private Haushalte	62,7
Gebietskörperschaften und Sozialversicherung	28,4

Quelle: Statistisches Jahrbuch 1981

zählen ebenfalls, sofern die entsprechenden Bedingungen gegeben waren, zu einer besonders geförderten Gruppe. Mit der »Anordnung über die Förderung von vollbeschäftigten werktätigen Frauen für die Ausbildung zu Produktionsfacharbeiterinnen« vom Dezember 1972 wurden für die Dauer der Qualifizierung folgende Regelungen eingeführt:

»Frauen mit einem Kind bzw. mehreren zum eigenen Haushalt gehörenden Kindern bis zu 16 Jahren sind wöchentlich an einem Arbeitstag von der Arbeit freizustellen, Frauen mit drei und mehr Kindern sowie Frauen, die im Mehrschichtsystem bzw. in ständiger Nachtschicht arbeiten und zu deren Haushalt zwei oder mehr Kinder gehören, können in jeder Woche bis zu einem weiteren Arbeitstag von der Arbeit freigestellt werden. Für die Dauer der Freistellung ist den Frauen ein Ausgleich in Höhe des Durchschnittsverdienstes zu zahlen.«

Die gleichen Bedingungen gelten seit 1973 für die Qualifizierung von Facharbeiterinnen zum Meister. Zusammen mit weiteren Festlegungen, die die Ausbildungszeiten dadurch verkürzen, daß die »Arbeits- und Lebenserfahrungen« der angelernten Arbeiterinnen stärker berücksichtigt wurden, hatte die Anordnung von 1972 einen deutlichen Anstieg des Anteils weiblicher Facharbeiter zur Folge.

Art der Beschäftigung
Die Schwerpunkte weiblicher Erwerbsarbeit stimmen in den beiden deutschen Staaten weitgehend überein. Auch in der DDR beschäftigen die Bereiche Handel und Dienstleistungen mit ihren »traditionellen« Frauenberufen jeweils überdurchschnittlich viele weibliche Arbeitnehmer. Ihr Anteil in den übrigen Sektoren – von der Land- und Forstwirtschaft abgesehen – liegt allerdings in der DDR bedeutend höher (vgl. Tabelle 11), und die Berufswahl der weiblichen Lehrlinge läßt erwarten, daß sich diese Entwicklung fortsetzt.
Von einer Schwerpunktverlagerung zu sprechen, erscheint jedoch voreilig. Dagegen steht nicht nur die offenkundige Präferenz herkömmlicher Berufe, sondern auch die Tatsache, daß Frauen in der DDR-Industrie kaufmännische und verwaltende Tätigkeiten bevorzugen und in der Produktion selbst zumeist nur die unteren Ränge einnehmen.

Tabelle 11
Anteile der weiblichen Beschäftigten nach Wirtschaftsbereichen 1980

	%
Industrie	43,3
Produzierendes Handwerk (ohne Bauhandwerk)	38,0
Bauwirtschaft	16,2
Land- und Forstwirtschaft	41,5
Verkehr, Post- und Fernmeldewesen	36,9
Handel	72,8
Sonstige produzierende Zweige	55,1
Nichtproduzierende Bereiche	72,9

Quelle: Statistisches Jahrbuch 1981

Aufstiegschancen
Der Anteil von Frauen in Führungs-
positionen ist außergewöhnlich gering. Er steigt zwar mit der Qualifikation, beträgt aber auch auf der
höchsten Stufe nur ein Drittel der
von Männern erreichten Quote.
1979 (Volks- und Berufszählung)
übten zwei Prozent aller Frauen mit
Volksschul- und Berufsausbildung
leitende Funktionen aus (Männer:
11 Prozent), weibliche Hochschul-
absolventen erreichten einen Anteil
von 13 Prozent (Männer: 37 Prozent). Bei Großunternehmen stellen
Frauen eine verschwindende Min-
derheit im unteren und mittleren
Management, auf der obersten Ebe-
ne findet man sie kaum. Die Ge-
schäftsleitungen sind zu einem Umdenken in der Regel nicht bereit
(vgl. dazu die ausführliche Darstellung von Christa Becker in: Marielouise Janssen-Jurreit [Hrsg.]
»Frauenprogramm – Gegen Diskriminierung«).
Der Staat geht der Wirtschaft keineswegs mit gutem Beispiel voran.
94,5 Prozent aller Frauen im Bun-
desdienst waren 1977 als Arbeiterinnen, Angestellte und Beamte des
einfachen und mittleren Dienstes tätig (Männer: 87,2 Prozent). 5,5 Prozent gehörten den gehobenen und
höheren Laufbahngruppen an
(Männer: 12,8 Prozent). Von 2234
Referaten wurden 1977 lediglich 105
von Frauen geleitet. Bei den beam-
teten Staatssekretären betrug der
Frauenanteil 4,1 Prozent (23 Män-

ner, eine Frau), bei den Abteilungs-
leitern 0,8 und bei den Unterabtei-
lungsleitern 9,7 Prozent.
1971 waren fast 80 Prozent aller erwerbstätigen Frauen mit Hochschulabschluß Lehrerinnen, Ärztinnen,
Zahnärztinnen und Apothekerin-
nen. Da sich die Wahl der Studienfächer (vgl. S. 24) erst in jüngster Zeit
langsam ändert, ist die Berufsstruk-
tur bislang weitgehend erhalten ge-
blieben. (1978 waren 20 Prozent der
Ärzte und 50,8 Prozent der Apotheker Frauen.) Relativ stark hat in den
letzten Jahren der Anteil weiblicher
Richter (1977: 11,4 Prozent) und
Staatsanwälte (1977: 10,1 Prozent)
zugenommen. An den obersten Ge-
richten der Bundesrepublik sind allerdings nur zwischen 1,9 (Bundes-
gerichtshof) und 5,5 Prozent (Bundesverfassungsgericht) der Richter
weiblich. Auch an den Hochschulen
und Universitäten gilt: Je höher die
Position, desto weniger Frauen.
Nach Angaben des Bundesministeriums für Bildung und Wissenschaft
betrug 1976 der Frauenanteil bei
Dozenten 11 Prozent, bei Professoren 5 Prozent.

Entlohnung
Das Prinzip »gleicher Lohn für gleiche Arbeit« ist rechtsverbindlich,
wird in der Praxis aber vielfach un-
terlaufen.
Der durchschnittliche Bruttostun-
denlohn weiblicher Industriearbei-
ter lag 1980 mit 10,25 DM um fast 30

Beruf

Aufstiegschancen

Das im Vergleich zu den Männern durchschnittlich immer noch niedrigere Ausbildungsniveau der Frauen ist keine ausreichende Erklärung für ihre geringe Repräsentation auf den mittleren und höheren Ebenen der Betriebshierarchien. Ihrem beruflichen Aufstieg stehen vielmehr auch in der DDR zusätzlich die Belastung durch häusliche Aufgaben, die damit verbundene Immobilität sowie ein verbreitetes Mißtrauen gegen weibliche Vorgesetzte im Weg.

In einer neueren Publikation (»Die Frau in der DDR«, Dresden 1979) heißt es: »Von allen Leitungsfunktionen in Industrie und Landwirtschaft werden jede sechste, im Handel jede zweite, im Hoch- und Fachschulwesen jede dritte von Frauen ausgeübt.« Da weder hier noch in anderen Quellen eindeutig angegeben wird, um welche Art von Funktionen es sich dabei handelt, und die Zahlen außerdem erheblich schwanken, ergibt sich kein eindeutiges Bild. Mit der Höhe der Position nimmt die Quote jedenfalls rapide ab. Im VEB Greika (Kreis Greiz) beispielsweise sind 70 Prozent der Belegschaft Frauen, ihr Anteil an Leitungsfunktionen insgesamt liegt immerhin bei 37,4 Prozent. Doch unter den zehn Betriebs- und Fachdirektoren war 1979 nur eine, unter den sieben Werksdirektoren keine Frau.

Über den öffentlichen Dienst in der DDR gibt es hier kaum detaillierte Angaben. Allerdings ist zu vermuten, daß der Frauenanteil in den oberen Rängen recht gering ist. Nach einer Aufstellung des Gesamtdeutschen Instituts, Bonn (Stand Februar 1982) hat das Ostberliner Außenministerium nur männliche Hauptabteilungsleiter, während zwei der insgesamt 27 Abteilungsleiter weiblich sind.

Es dürfte feststehen, daß auch in der DDR der weitaus überwiegende Teil aller Frauen mit Fach- und Hochschulabschluß außerhalb der materiellen Produktion tätig ist. 1978 waren 65,8 Prozent der Lehrer (aber nur 20 Prozent der Schulleiter), etwa 10 Prozent der Dozenten und Professoren, 49 Prozent der Ärzte (20 Prozent der Kreisärzte), 52 Prozent der Zahnärzte, 64 Prozent der Apotheker und 45,1 Prozent der Richter (im Präsidium des Obersten Gerichts der DDR gibt es allerdings ebensowenig eine Frau wie in der fünfköpfigen Spitze der Generalstaatsanwaltschaft) weiblich.

Entlohnung

Der Grundsatz »gleicher Lohn für gleiche Arbeit« ist rechtsverbindlich, scheint aber in der Praxis nicht voll durchgesetzt zu sein.

Da die DDR-Statistik die Arbeitseinkommen nicht nach dem Geschlecht aufschlüsselt, ist den entsprechenden Übersichten (vgl. Tabelle 12) nur zu entnehmen, daß die Verdienste in Bereichen mit hohem

Prozent niedriger als bei ihren männlichen Kollegen (14,16 DM). Zudem rangieren die Branchen mit besonders hohem Frauenanteil (Schuh-, Textil-, Bekleidungs-, Nahrungs- und Genußmittelindustrie) ganz am Ende der Lohnskala. Das gilt auch für die dort beschäftigten weiblichen Angestellten.

Insgesamt erreichten weibliche Angestellte 1980 (in Industrie, Kreditinstituten und Versicherungsgewerbe) ein durchschnittliches monatliches Bruttoeinkommen von 2185 DM (männliche Angestellte: 3224 DM). 1977 verdienten nur 6,6 Prozent aller erwerbstätigen Frauen netto 1800 DM und mehr im Monat (Männer: 29,6 Prozent). Bei rund 59 Prozent der weiblichen Arbeitnehmer lag das Netto-Monatseinkommen dagegen unter 1000 DM (Männer: 14,3 Prozent).

Rund 300 000 Arbeitnehmerinnen sind in sogenannte Leichtlohngruppen eingestuft, die nach 1955 faktisch an die Stelle der für gesetzwidrig erklärten »Frauenlohngruppen« traten. Den bis dahin niedrigsten Tarifen für un- und angelernte männliche Arbeiter wurden ein oder zwei noch niedrigere vorgeschaltet. Zur Begründung unterteilte man Hilfsarbeiten beispielsweise in »leichte« oder »einfache« bzw. »normale«.

Inzwischen hat eine Reihe von Frauen ihren Anspruch auf gleichen Lohn für gleiche Arbeit auf dem Klageweg durchgesetzt. Doch die »vorsätzliche und willkürliche Einkommensdiskriminierung« machte auch am Ende der siebziger Jahre durchschnittlich immer noch acht Prozent aus – in der Nahrungs- und Genußmittelindustrie sogar 23 Prozent, im Handwerk und Kleingewerbe, in der Grundstoff-, Produktionsgüter- und Verbrauchsgüterindustrie, im Bergbau und im Gaststättenwesen 18 bis 20 Prozent. Zu diesen Ergebnissen kam der Arbeitsmarktforscher Jochem Langkau in einer 1979 veröffentlichten Studie. Als »zentrales Ergebnis« seiner Untersuchung sieht Langkau jedoch weniger die offenkundige Benachteiligung von Frauen aufgrund betrieblicher Entlohnungspraktiken, sondern die Diskriminierung weiblicher Beschäftigter bei der Vergabe von Arbeitsplätzen und Aufstiegschancen. So würden Frauen weitaus häufiger als Männern »Tätigkeiten zugewiesen, die nicht ihrer Bildung, Ausbildung und Berufserfahrung entsprechen«. Ihr Bruttoverdienst liege um ein Drittel niedriger als der gleich qualifizierter Kollegen mit besseren Arbeitsplätzen.

Soziale Sicherung

Die Benachteiligung der Frauen im Erwerbsleben macht sich auch im Bereich der sozialen Sicherung bemerkbar. Ihre Renten sind im Durchschnitt wesentlich geringer als die der Männer, weil sie weniger verdient und zumeist kürzere Versicherungszeiten aufzuweisen haben.

Frauenanteil (z. B. Handel, Post-
und Fernmeldewesen) erheblich unter dem Durchschnitt liegen. Im gesamten Dienstleistungsbereich werden ebenfalls vergleichsweise nied-
rige Löhne gezahlt. So verdient beispielsweise eine Hilfsschwester 400
bis 500, eine Fachschwester, medizi-
nisch-technische Assistentin oder
Diätassistentin 500–650 und eine
leitende Schwester in einem großen
Krankenhaus 650–800 Mark pro
Monat.
Zahlreiche Publikationen lassen
darauf schließen, daß in vielen Betrieben die Tendenz vorherrscht,
Frauen mit Tätigkeiten zu beschäftigen, die unter ihrem Ausbildungsstand liegen und entsprechend nied-
rig bezahlt werden. Bei Männern ist
es oft umgekehrt. Sie werden eher
mit Arbeiten betraut, ohne bereits
die dafür vorgeschriebene Ausbildung nachweisen zu können. (»Tau-
sende von Hoch- und Fachschulka-
dern« üben in der DDR-Wirtschaft
eine Tätigkeit aus, die unter ihrer
Qualifikation liegt – so der Presse-
dienst des DDR-Ministerrats Anfang 1982. Nach Schätzungen von
Fachleuten in der DDR werden außerdem 25 Prozent der Facharbeiter
unter ihrem Ausbildungsniveau ein-
gesetzt. Die Annahme, daß unter ihnen besonders viele Frauen sind,
wurde erst jüngst wieder bestätigt.
In einer Umfrage der Ostberliner
Frauenillustrierten »Für Dich« berichteten viele Leserinnen über entsprechende Erfahrungen.)

Ob und in welchem Umfang auch
die hohen »Von-bis-Spannen« in
den einzelnen Lohn- und Gehalts-
gruppen zuungunsten von Frauen
gehandhabt werden, läßt sich nicht
nachweisen. Die vielfach zu beob-
achtende mindere Einschätzung der
weiblichen Erwerbsarbeit läßt immerhin vermuten, daß auch hier
Männer bevorzugt werden.

Tabelle 12
**Durchschnittliches monatliches Arbeitsein-
kommen der vollbeschäftigten Arbeiter und
Angestellten nach Wirtschaftsbereichen 1980**

Insgesamt	1030 M
Industrie	1039 M
Bauindustrie	1041 M
Land- und Forstwirtschaft	1000 M
Verkehr	1127 M
Post- und Fernmeldewesen	928 M
Handel	905 M

Quelle: Statistisches Jahrbuch 1981

Soziale Sicherung

Der Bezug einer Altersrente setzt
im allgemeinen eine mindestens
15jährige versicherungspflichtige
Tätigkeit und das Erreichen der Altersgrenze – Frauen 60 Jahre, Männer 65 Jahre – voraus. Die Höhe der
Rente wird auf der Grundlage der
während der Erwerbstätigkeit gelei-
steten einkommensabhängigen Beiträge berechnet. Die Sätze werden
nicht dynamisch an die Lohnent-
wicklung angepaßt, sondern in unre-
gelmäßigen Abständen durch Beschluß der Staatsführung aufgebes-
sert. Die nach Arbeitsjahren gestaf-
felten Mindestrenten belaufen sich

Voraussetzung für den Bezug einer gesetzlichen Altersrente sind eine mindestens fünfzehnjährige versicherungspflichtige Tätigkeit und das Erreichen der Altersgrenze – Männer und Frauen 65 Jahre. Wer mindestens 35 Jahre versichert ist, kann mit 63 Jahren die sogenannte »flexible Altersgrenze« in Anspruch nehmen. Frauen können bereits nach Vollendung des 60. Lebensjahres Rente beziehen, wenn sie insgesamt mindestens 15 Versicherungsjahre und wenigstens 121 Pflichtbeiträge aus den vergangenen 20 Jahren nachweisen. Waren sie in den letzten eineinhalb Jahren arbeitslos, genügt der Nachweis von 15 Versicherungsjahren.

Selbständige und Hausfrauen haben seit 1972 die Möglichkeit des freiwilligen Beitritts zur gesetzlichen Rentenversicherung. Ebenfalls 1972 wurde die Rente nach Mindesteinkommen eingeführt. Diese Regelung kommt insbesondere denjenigen Frauen zugute, die während ihres ganzen Arbeitslebens sehr wenig verdient haben. Wenn sie für die Zeit vor 1973 mindestens 25 Pflichtversicherungsjahre nachweisen können, wird der Berechnung ihrer Rente nicht der eigene Verdienst zugrunde gelegt, sondern 75 Prozent des Durchschnittseinkommens aller Versicherten.

Jede Witwe hat vom Tod ihres versicherten Ehemanns an Anspruch auf Witwenrente, die uneingeschränkt auch zusätzlich zu einer eigenen Rente gezahlt wird. Eine voll erwerbsfähige, unter 45 Jahre alte Witwe ohne minderjährige Kinder bekommt die »kleine Witwenrente« (Abzug etwa ein Drittel). Ansonsten wird die »große Witwenrente« gezahlt (60 Prozent der Rente des Verstorbenen). Anspruch auf Witwerrente besteht bislang nur dann, wenn die verstorbene Frau die Familie überwiegend unterhalten hat. Durch eine Entscheidung des Bundesverfassungsgerichts vom März 1975 ist der Gesetzgeber gehalten, bis 1984 eine Neuregelung in Kraft zu setzen, die die Gleichbehandlung von Männern und Frauen gewährleistet. Die Bundesregierung hat sich verpflichtet, »gleichzeitig« eine Neuordnung der sozialen Sicherung der Frau zum Ausbau eigener Versicherungsansprüche für Alter und Invalidität zu verwirklichen und »hierbei unter dem Gesichtspunkt der Beitragsäquivalenz soziale Ungerechtigkeiten zu korrigieren«. Außerdem ist vorgesehen, die Unterbrechung der Erwerbsarbeit wegen der Geburt von Kindern als Ausfallzeit (»Babyjahr«) anzurechnen. Ob es wirklich dazu kommen wird, erscheint wegen der gegenwärtigen Sparmaßnahmen allerdings äußerst fraglich.

Neben der gesetzlichen Altersrente hatten 1976 65 Prozent aller Beschäftigten Anspruch auf eine betriebliche Altersversorgung.

Zur sozialen Sicherung geschiedener Ehegatten vgl. S. 56.

seit dem 1. Dezember 1979 auf 270 bis 340 Mark.

Die enge Verknüpfung von beruflichen und familiären Aufgaben der Frau kommt auch im Rentenrecht der DDR zum Ausdruck:

- Bei jeder Geburt (bzw. bei Annahme eines Kindes unter acht Jahren) wird der Mutter ein Versicherungsjahr gutgeschrieben. Falls sie ein Jahr mit der Erwerbsarbeit aussetzt, verhindert diese Regelung eine Minderung des Rentenanspruchs. Nimmt sie ihre Tätigkeit nach dem Wochenurlaub wieder auf, wird ihr das Jahr doppelt angerechnet.
- Für das zweite und jedes weitere Kind wird der Mutter jeweils ein Jahr auf die Wartezeit (15jährige versicherungspflichtige Tätigkeit) angerechnet, wenn sie eine Mindestversicherungszeit von fünf Jahren nachweisen kann.
- Mütter mit fünf oder mehr Kindern haben seit 1973 auch ohne eigene Versicherungszeit Anspruch auf eine Alters- oder Invalidenrente in Höhe der gesetzlichen Mindestrente (zur Zeit 270 Mark).

Die Pflichtversicherung wurde 1971 durch eine »Freiwillige Zusatzrentenversicherung« ergänzt, der jeder beitreten kann, dessen Einkommen die Bemessungsgrenze von 600 Mark überschreitet. Die Hälfte des Beitrags (zehn Prozent der Mehrbezüge) zahlt der Betrieb. Inzwischen machen rund 75 Prozent aller Berechtigten von dieser Möglichkeit Gebrauch. Langfristig gesehen werden sich die Renten dadurch den Nettoeinkommen stärker annähern. Zur Zeit beträgt die Durchschnittsrente nur rund ein Drittel des durchschnittlichen Nettoverdienstes. Dadurch entsteht ein starker (von der Staatsführung wegen des Arbeitskräftemangels gewollter) Anreiz zur Weiterarbeit nach Erreichen der Altersgrenze.

Die Regelung bei den abgeleiteten Renten macht die faktische Arbeitspflicht deutlich: Anspruch auf Witwenrente besteht in der Regel erst bei Erreichen der Altersgrenze – Ausnahmen: bei Invalidität oder solange ein Kind unter drei Jahren bzw. zwei Kinder unter acht Jahren zu versorgen sind. Seit Juli 1973 erhalten auch Witwen oder Witwer, die die Altersgrenze noch nicht erreicht haben, für die Dauer von zwei Jahren eine Übergangsrente, wenn der (die) Verstorbene den Unterhalt der Familie überwiegend bestritten hat. Die Witwenrente beträgt 60 Prozent der Rente, auf die der Verstorbene Anspruch gehabt hätte. Sie wird aber nur dann voll ausgezahlt, wenn die Witwe keinen eigenen Rentenanspruch hat, was äußerst selten der Fall ist.

Im Fall einer Scheidung wird in der Regel davon ausgegangen, daß beide Ehepartner berufstätig sind (bzw. sein können) und deshalb keiner besonderen finanziellen Unterstützung bedürfen.

Drittes Kapitel

Ehe und Familie

Ehe- und Familienrecht allgemein

Nach mehr als achtjähriger Vor-
arbeit hat der Deutsche Bundestag
im Juni 1976 eine umfassende Reform des Ehe- und Familienrechts
(1. EheRG) beschlossen, die am 1.
Juli 1977 in Kraft trat. Das bis dahin
geltende Recht war noch weitgehend von Auffassungen des ausge-
henden 19. Jahrhunderts geprägt
und bedurfte deshalb dringend der
Anpassung an gewandelte Verhältnisse. Die 1957 durch das Gleichberechtigungsgesetz eingefügten Korrekturen hatten das patriarchalische
Familienmodell des BGB im Kern
unberührt gelassen. Trotz des im
Grundgesetz verankerten Gleichbe-
rechtigungsgebots hielt der Gesetzgeber an der traditionellen Aufgabenteilung – der sogenannten
»Hausfrauenehe« – fest. Die Ehefrau durfte nur erwerbstätig sein,
»soweit dies mit ihren Pflichten in
Ehe und Familie vereinbar« war.
Andererseits war sie zur Mitarbeit
verpflichtet, wenn der Mann den
Unterhalt der Familie allein nicht
aufbringen konnte. Dessen Mithilfe
im Haushalt und bei der Kindererziehung war freilich auch für diesen
Fall nicht gesetzlich vorgeschrieben.
Solche Vorschriften widersprachen
nicht nur dem Prinzip der Gleichberechtigung, sondern gingen, indem
sie die Erwerbsarbeit verheirateter
Frauen als Ausnahme behandelten,
völlig an der Realität vorbei. Das
neue Gesetz berücksichtigt das gewandelte Familienverständnis, ohne

daraus ein für alle verbindliches
Leitbild zu machen. Die Partner sollen vielmehr über die Gestaltung ihrer Ehe selbst entscheiden.

Ehemündigkeit

Beide Partner sind mit 18 Jahren
ehemündig. In Ausnahmefällen genügt die Vollendung des 16. Lebensjahres, wenn der andere Partner
mindestens 18 Jahre alt ist.

Familienname

Seit dem 1. Juli 1976 können die
Ehegatten entweder den Namen der
Frau oder den des Mannes wählen.
Die Entscheidung für den Namen
der Frau ist bislang Ausnahme ge-
blieben.

Der Partner, dessen Name nicht gewählt wird, kann seinen Geburtsnamen bzw. den Namen, den er vor
der Eheschließung trug, dem gemeinsamen Familiennamen voranstellen.

Haushaltsführung

Nach altem Recht war die Haushaltsführung der Frau übertragen.
Das neue Gesetz legt fest: »Die Ehegatten regeln die Haushaltsführung
in gegenseitigem Einverständnis. Ist
die Haushaltsführung einem der
Ehegatten überlassen, so leitet dieser den Haushalt in eigener Verantwortung. Beide Ehegatten sind berechtigt, erwerbstätig zu sein. Bei
der Wahl und Ausübung einer Erwerbstätigkeit haben sie auf die Belange des anderen Ehegatten und

Ehe und Familie

Ehe- und Familienrecht allgemein

Mitte der sechziger Jahre wurde das Ehe- und Familienrecht umfassend reformiert. Das am 1. April 1966 in Kraft getretene Familiengesetzbuch (FGB) hob das vierte Buch des BGB insgesamt auf. Das Familienmodell des FGB ist in der Präambel sowie in den leitenden Grundsätzen formuliert. Die Gleichberechtigung von Mann und Frau hat den Rang eines Grundprinzips: »Sie verpflichtet die Ehegatten, ihre Beziehungen zueinander so zu gestalten, daß beide das Recht auf Entfaltung ihrer Fähigkeiten zum eigenen und zum gesellschaftlichen Nutzen voll wahrnehmen können.«

Die Ehe wird als eine für das Leben geschlossene Gemeinschaft definiert, »die auf gegenseitiger Liebe, Achtung und Treue, auf Verständnis und Vertrauen und uneigennütziger Hilfe füreinander beruht«. Sie soll »ihre Erfüllung im gemeinsamen Zusammenleben, in der Erziehung der Kinder und in der gemeinsamen Entwicklung der Eltern und Kinder zu charakterfesten, allseitig gebildeten Persönlichkeiten« finden. Das FGB weist den Ehegatten und ihren Kindern eine genau umschriebene Stellung innerhalb der Gesellschaft zu. Sie sollen sich als »Grundkollektiv« organisch mit anderen Kollektiven (im Haus, am Arbeitsplatz, in der Schule, im öffentlichen Leben) verbinden, damit »ein Gleichklang von gesellschaftlichen Erfordernissen und grundlegenden persönlichen Interessen erreicht« wird. Die enge Verknüpfung von juristischen Regelungen und moralischen Postulaten macht die pädagogische Funktion des Familiengesetzbuches deutlich.

Ehemündigkeit

Beide Partner sind mit 18 Jahren ehemündig.

Familienname

Die Ehegatten wählen entweder den Namen des Mannes oder den der Frau. In der Praxis überwiegt die Entscheidung für den Namen des Mannes bei weitem. Liegt ein »berechtigtes Interesse« vor, kann die Frau ihren früheren Namen an den gemeinsamen Familiennamen anhängen.

Haushaltsführung

Die Haushaltsführung ist beiden Ehegatten gemeinsam aufgetragen. Da das FGB »selbstverständlich« davon ausgeht, daß verheiratete Frauen, auch Mütter kleiner Kinder, im allgemeinen berufstätig sind, soll der Mann nicht nur »helfen«, sondern den der »konkreten Familiensituation« entsprechenden Anteil übernehmen. In der Praxis sieht es allerdings noch so aus, daß über 70 Prozent der Hausarbeit den Frauen überlassen bleiben.

der Familie die gebotene Rücksicht zu nehmen.«

Vertretungsbefugnis
Beide Ehepartner sind in gleicher Weise berechtigt, »Geschäfte für den angemessenen Lebensbedarf der Familie mit Wirkung auch für den anderen Ehegatten zu besorgen«.

Unterhalt
Mann und Frau sind verpflichtet, die Familie durch ihre Arbeit und mit ihrem Vermögen angemessen zu unterhalten. Ist einem Ehegatten die Führung des Haushalts übertragen, so gilt seine Unterhaltspflicht damit in der Regel als erfüllt.

Eheliches Güterrecht
Mit dem Gleichberechtigungsgesetz wurde 1957 die Zugewinngemeinschaft als gesetzlicher Güterstand eingeführt. Mann und Frau bleiben jeweils Eigentümer des eingebrachten und des während der Ehe erworbenen Vermögens, das sie selbständig verwalten. Die Verfügungsmacht des einzelnen ist allerdings eingeschränkt (»Ein Ehegatte kann sich nur mit Einwilligung des anderen Ehegatten verpflichten, über sein Vermögen im ganzen zu verfügen«), und bei Beendigung des Güterstandes – meistens beim Tod eines Gatten oder bei einer Scheidung – wird der während der Ehe erlangte Zugewinn aufgeteilt. Im Gegensatz zur DDR, wo das während der Ehe Erworbene unmittelbar zum gemeinsamen Eigentum wird, treten in der Bundesrepublik die Folgen des gesetzlichen Güterstandes – nämlich der Ausgleich des Zugewinns – im allgemeinen erst nach der Beendigung der Ehe ein. Die Zugewinngemeinschaft gilt in allen Ehen, in denen nichts anderes vereinbart ist, d. h., es liegt bei den beiden Partnern, ob sie diese oder eine andere Regelung für sich bevorzugen. Sie können also, wenn das ihren Vorstellungen besser entspricht, vertraglich entweder Gütertrennung oder Gütergemeinschaft mit vielfältigen Varianten vereinbaren. Auch innerhalb des gesetzlichen Güterstandes besteht die Möglichkeit, von den Bestimmungen des BGB in der einen oder anderen Richtung abzuweichen, was dann ebenfalls vertraglich vereinbart werden muß.

Die Beziehungen zwischen Eltern und Kindern

Eheliche Kinder
Am 1. Januar 1980 ist das »Gesetz zur Neuregelung des Rechts der elterlichen Sorge« in Kraft getreten. Die Eltern haben danach das Recht und die Pflicht, für das Kind und sein Vermögen zu sorgen, wobei das Kind entsprechend seinem Alter zunehmend gehört und in Entscheidungsprozesse einbezogen werden

Ehe und Familie

Vertretungsbefugnis
Alle Angelegenheiten des ehelichen Lebens sind von Mann und Frau in beiderseitigem Einvernehmen zu regeln. Beide haben das Recht, den anderen »in Angelegenheiten des gemeinsamen Lebens« zu vertreten.

Unterhalt
Im Regelfall sind die Aufwendungen für die Familie von den Ehegatten und den Kindern durch Geld- und Arbeitsleistungen gemeinsam zu erbringen. Die Einbeziehung der Kinder wird weniger finanziell als pädagogisch im Sinne einer gemeinsamen Verantwortung gesehen. Ein nicht berufstätiger Ehegatte leistet seinen Beitrag zum Familienunterhalt allein durch Hausarbeit und Betreuung der Kinder. (Dies ist der einzige Hinweis des FGB auf eine mögliche funktionale Aufgabenteilung.)

Eheliches Güterrecht
Gesetzlicher Güterstand ist nach sowjetischem Vorbild die Errungenschaftsgemeinschaft. Jeder Ehegatte bleibt Eigentümer des von ihm in die Ehe eingebrachten Vermögens. Während der Ehe durch Arbeit oder aus Arbeitseinkünften erworbene Sachen, Vermögensrechte und Ersparnisse gehören – bis auf wenige Ausnahmen – beiden Gatten gemeinsam. Die Neugestaltung des Güterrechts ist in der DDR lebhaft diskutiert worden. Hauptstreitpunkt war die Frage, ob die Ehe überhaupt vermögensrechtliche Wirkungen haben solle. Die Befürworter einer reinen Gütertrennung argumentierten unter anderem damit, daß die Ehe in einer sozialistischen Gesellschaft »aus ethischen Motiven und keineswegs im Interesse oder mit Rücksicht auf das Vermögen der Partner geschlossen und erhalten wird«. Schließlich setzte sich jedoch die Auffassung durch, daß den Vermögensbeziehungen in der sozialistischen Ehe eine »dienende Funktion gegenüber der Gemeinschaft« zukomme. Mit dem während der Ehe erworbenen persönlichen Eigentum müßten die Bedürfnisse aller Familienmitglieder erfüllt werden – unabhängig von deren individuellem Einkommen. Dementsprechend sind die im FGB vorgesehenen Ausnahmeregelungen – im Vergleich zur Bundesrepublik – bedeutend enger eingegrenzt. Während die Gütergemeinschaft im vollen Umfang zugelassen ist, bleibt die Gütertrennung auf solche Werte beschränkt, die nicht der gemeinsamen Lebensführung der Familie dienen.

Die Beziehungen zwischen Eltern und Kindern

Eheliche Kinder
Das FGB behandelt die Sorge für die Person und das Vermögen des Kindes sowie seine gesetzliche Vertretung unter der Überschrift »Elterliche Erziehung«. Die Möglich-

soll. Bei der Wahl der Ausbildung und des Berufs haben die Eltern auf »Neigung und Eignung« Rücksicht zu nehmen. In Zweifelsfällen ist ein Fachmann – z.B. ein Lehrer – zu Rate zu ziehen. Wenn Eltern in diesen Fragen »offensichtlich« zum Nachteil des Kindes entscheiden, kann das Vormundschaftsgericht eingreifen.

Während sich das Gericht nach altem Recht nur dann einschalten konnte, wenn das Wohl des Kindes *schuldhaft* vernachlässigt wurde, ist ein Eingreifen jetzt auch möglich, wenn die Eltern *ohne Verschulden* bei der Ausübung der elterlichen Sorge versagen. Eine Trennung des Kindes von seiner Familie darf allerdings nur dann erfolgen, wenn alle anderen Maßnahmen zum Schutz des körperlichen, geistigen und seelischen Wohls fehlgeschlagen sind oder nicht ausreichen würden.

Die Eltern üben das Sorgerecht in der Regel gemeinsam aus. Bei Uneinigkeit über eine für das Kind sehr wichtige Sorgerechtsfrage kann das Vormundschaftsgericht auf Antrag eines Elternteils diesem die Entscheidung übertragen, sofern das dem Wohl des Kindes entspricht.

Uneheliche Kinder
Bis auf das Erbrecht sind die Rechtsbeziehungen unehelicher Kinder zu ihren Eltern seit 1970 in der Bundesrepublik und der DDR weitgehend gleich geregelt: Das Kind erhält den Familiennamen, den die Mutter zum Zeitpunkt der Geburt trägt. Generell übt sie das Erziehungsrecht allein aus, die Amtsvormundschaft ist aufgehoben. Persönliche Beziehungen zwischen dem Kind und seinem Vater sind grundsätzlich von ihrem Einverständnis abhängig. Die Höhe der vom Vater zu leistenden Unterhaltszahlung wird auf der Grundlage von Lebensstellung und Einkommen festgesetzt. Sie beträgt mindestens ebensoviel, wie der Vater bei einer Scheidung für sein eheliches Kind zu zahlen hätte. Sechs Wochen vor und acht Wochen nach der Geburt hat die Mutter gegenüber dem Kindesvater ein Recht auf Unterhalt. Kann sie wegen der Betreuung des Kindes anschließend nicht erwerbstätig sein, hat sie Anspruch auf Sozialhilfe (vgl. S. 88).

Staatsangehörigkeit der Kinder
Bis zum 31. Dezember 1974 erwarben eheliche Kinder zwingend die Staatsangehörigkeit des Vaters. Nach der am 1. Januar 1975 in Kraft getretenen Änderung des Reichs- und Staatsangehörigkeitsgesetzes erlangen die Kinder einer deutschen Mutter nun auch deren Staatsangehörigkeit durch Geburt. Nichteheliche Kinder erwerben die Staatsangehörigkeit der Mutter.

keit, bei Meinungsverschiedenheiten eine außerhäusliche Instanz anzurufen, ist nicht vorgesehen. Dagegen kann der Staat von sich aus eingreifen, wenn »die Erziehung und Entwicklung oder die Gesundheit des Kindes« wegen mangelnder Einigkeit der Eltern oder aus einem anderen Grund gefährdet sind. Die vorgesehenen Maßnahmen reichen von der Beratung durch die Jugendhilfe über die Einschränkung des elterlichen Erziehungsrechts bis zu dessen Entzug. Neben akuten Gefährdungen des körperlichen und seelischen Wohls des Kindes können auch Mängel in der »sozialistischen Erziehung« staatliche Eingriffe auslösen. Die Familienerziehung wird als Bestandteil des sozialistischen Bildungssystems gesehen. Das gilt nicht als Einschränkung des Elternrechts, weil man davon ausgeht, daß der einzelne und die Gesellschaft grundsätzlich die gleichen Interessen verfolgen.

Uneheliche Kinder

Das FGB spricht von Kindern, deren Eltern »bei seiner Geburt nicht miteinander verheiratet sind«: Das Kind erhält den Familiennamen, den die Mutter zum Zeitpunkt der Geburt trägt. Generell übt sie das Erziehungsrecht allein aus, die Amtsvormundschaft ist aufgehoben. Persönliche Beziehungen zwischen dem Kind und seinem Vater sind grundsätzlich von ihrem Einverständnis abhängig. Die Höhe der vom Vater zu leistenden Unterhaltszahlung wird auf der Grundlage von Lebensstellung und Einkommen beider Elternteile festgesetzt.

Die Mütter haben Anspruch auf verschiedene Sonderleistungen des Staates, die ihnen die Vereinbarung von Familienpflichten und (möglichst) Vollbeschäftigung erleichtern sollen (vgl. S. 89).

Das Erbrecht ist eingeschränkt. Solange das uneheliche Kind minderjährig ist, erbt es wie ein eheliches. Nach Eintritt der Volljährigkeit (18 Jahre) hat es nur dann einen Erbanspruch, wenn es unterhaltsbedürftig ist, während der Minderjährigkeit vorwiegend im Haushalt des Vaters gelebt hat oder außer ihm keine direkten Erben des Vaters vorhanden sind.

Staatsangehörigkeit der Kinder

Die Staatsangehörigkeit ehelicher Kinder richtet sich grundsätzlich nach der beider Eltern. Ist ein Elternteil Ausländer, wird das Kind Doppelstaatler.

Nichteheliche Kinder erwerben die Staatsangehörigkeit der Mutter.

Ehe und Familie

Die Scheidung und ihre Folgen

Mit dem 1. EheRG wurde das »Zerrüttungsprinzip« eingeführt. Eine Ehe kann demnach geschieden werden, wenn sie gescheitert ist, d.h., wenn eine Wiederherstellung der ehelichen Lebensgemeinschaft ausgeschlossen erscheint. Bei beiderseitigem Einverständnis soll das Scheitern nach einjähriger Trennung vermutet werden, bei einer streitigen Scheidung in der Regel nach einer Trennungszeit von drei Jahren. Diese Frist kann um zwei Jahre verlängert werden, wenn die Scheidung für den widersprechenden Partner eine unzumutbare soziale oder psychische Belastung mit sich bringen würde. Nach einer Trennung von fünf Jahren muß in jedem Fall geschieden werden.

Während der Trennungszeiten darf keine »häusliche Gemeinschaft« bestehen. Das ist einmal der Fall, wenn ein Ehegatte aus der gemeinsamen Wohnung auszieht. Ein »Getrenntleben« ist aber auch innerhalb der Ehewohnung möglich, wenn nicht mehr gemeinsam gewirtschaftet wird. Zumindest ein Ehegatte muß die Wiederherstellung der häuslichen Gemeinschaft deutlich erkennbar ablehnen. Wenn die Ehegatten zum Zweck eines Versöhnungsversuchs für kurze Zeit erneut zusammengelebt haben, gilt die Trennungszeit dadurch nicht als unterbrochen.

Wer vor Ablauf einer einjährigen Trennung die Scheidung beantragt, muß das Scheitern der Ehe nachweisen. Die Gründe müssen in diesem Fall beim anderen Partner liegen. Wer also die Zerrüttung selbst herbeigeführt hat, kann nicht die sofortige Scheidung verlangen.

Der Familienrichter kann ein Scheidungsverfahren für längstens ein Jahr (bzw. sechs Monate, wenn die Ehegatten bereits drei Jahre getrennt leben) aussetzen, wenn nach seinem Eindruck, z. B. mit Hilfe einer Eheberatung, noch Aussicht auf Fortsetzung der Ehe besteht.

Nach dem jetzt geltenden Gesetz wird die Schuldfrage, die früher die Regelung der Scheidungsfolgen wie Unterhalt und Sorgerecht maßgeblich beeinflußte, nicht mehr gestellt.

Sorgerecht für gemeinsame Kinder
Bei der Entscheidung über das Sorgerecht soll ausschließlich das »Wohl des Kindes« maßgeblich sein. Im einzelnen gilt folgende Regelung:

»Von einem gemeinsamen Vorschlag der Eltern soll das Familiengericht nur abweichen, wenn dies zum Wohle des Kindes erforderlich ist.

Haben die Eltern keinen Vorschlag gemacht oder billigt das Familiengericht ihren Vorschlag nicht, so trifft es die Regelung, die unter Berücksichtigung der gesamten Verhältnisse dem Wohle des Kindes am besten entspricht.

Die elterliche Sorge soll in der Regel

Ehe und Familie

Die Scheidung und ihre Folgen

Das Schuldprinzip wurde bereits mit der Eheverordnung von 1955 durch das Zerrüttungsprinzip abgelöst, das dann auch in das FGB einging. Eine Ehe kann geschieden werden, »wenn sie ihren Sinn für die Eheleute, für die Kinder und damit auch für die Gesellschaft verloren hat«. Allerdings haben die Gerichte bei jeder Scheidung »eine sorgfältige Prüfung der Entwicklung der Ehe vorzunehmen.« Das bedeutet ein Festhalten an der obligatorischen Untersuchung der Intimsphäre. Zudem wurde das Schuldprinzip nicht völlig aufgegeben. Die Feststellung, wer die Zerrüttung der Ehe maßgeblich verursacht hat, wird in das Urteil aufgenommen und kann die Entscheidung über das Sorgerecht für die Kinder, Unterhaltsverpflichtungen und die Zuteilung der ehelichen Wohnung beeinflussen. In streitigen Fällen wird die Scheidung erschwert, wenn einer der folgenden Tatbestände vorliegt: lange Dauer der Ehe, Opferung der Gesundheit für den Ehepartner oder die gemeinsamen Kinder, Verzeihung einer unehrenhaften Handlung. Die ständig steigenden Scheidungsziffern haben eine lebhafte Diskussion um die sogenannte »Eheerhaltung« in Gang gebracht. Ehe- und Familienberatungsstellen werden immer häufiger konsultiert. Die Gerichte erreichen eine hohe Quote von Klagerücknahmen (rund 25 Prozent).

Außerdem sollen Partei- und Gewerkschaftsorganisationen, Hausgemeinschaften, Arbeitsbrigaden und ähnliche Kollektive bei ehe- und familienwidrigem Verhalten ihrer Mitglieder eingreifen. Sie können auch bei Scheidungsverhandlungen gehört und zur Mithilfe bei der Lösung von Konflikten angehalten werden.

Sorgerecht für gemeinsame Kinder
Die Gerichte haben besonders zu beachten, ob die Interessen minderjähriger Kinder einer Scheidung entgegenstehen. Sie müssen festzustellen versuchen, ob die Kinder durch den Konflikt ihrer Eltern einen größeren Schaden erleiden als durch die Auflösung der Familie. Nach dem offiziellen Kommentar zum FGB hat die Ehe »ihren Sinn auch für die Kinder verloren«, wenn die »Grundlage für ihre befriedigende Erziehung und Entwicklung nicht mehr herzustellen ist«.
Mit dem Scheidungsurteil wird zugleich festgelegt, welchem Elternteil das Erziehungsrecht für die minderjährigen Kinder übertragen wird. Dazu überprüft das Gericht den erzieherischen Einfluß der Eltern sowie das Verhältnis der Kinder zu ihnen, berücksichtigt aber auch die Umstände der Ehescheidung und die Lebensverhältnisse der Eltern. Übereinstimmenden Vorschlägen der Eltern kann das Gericht folgen. Hält es jedoch weitere Feststellungen für erforderlich, wird das zu-

einem Elternteil allein übertragen werden. Erfordert es das Wohl des Kindes, so kann einem Elternteil die Sorge für die Person, dem anderen die Sorge für das Vermögen des Kindes übertragen werden.«

In Ausnahmefällen (»um eine Gefahr für das geistige oder leibliche Wohl oder für das Vermögen des Kindes abzuwenden«) kann das Sorgerecht einem Vormund oder Pfleger übertragen werden.

Kinder ab 14 Jahren müssen (jüngere können) vom Gericht angehört werden und eigene Vorschläge machen, die zu berücksichtigen sind, soweit sie ihrem Wohl entsprechen.

Die Zahl der »Einelternfamilien« mit sorgeberechtigtem Vater hat sich zwischen 1971 und 1980 von 69 000 auf 141 000 mehr als verdoppelt.

Unterhalt

Das neue Unterhaltsrecht stellt auf rein wirtschaftliche Erwägungen ab und soll damit die finanzielle Sicherung der Geschiedenen gewährleisten. Im Gegensatz zur früheren Koppelung von Schuld und Unterhaltspflicht geht das geltende Recht ausschließlich von der objektiven Bedürftigkeit des schwächeren Partners aus. Ein Unterhaltsanspruch ist beispielsweise dann gegeben, wenn wegen der Erziehung gemeinsamer Kinder, wegen Krankheit oder Alter eine eigene Erwerbstätigkeit nicht erwartet werden kann. Unterhalt muß auch gewährt werden, solange ein Partner keine angemessene Beschäftigung findet sowie für den Zeitraum, in dem er sich ausbilden, fortbilden oder umschulen läßt. Bei »grober Unbilligkeit« (z. B. kurze Dauer der Ehe, »mutwillige Herbeiführung« der Bedürftigkeit) kann eine Unterhaltszahlung versagt werden.

Außerdem wurde mit dem 1. EheRG der sogenannte »Versorgungsausgleich« eingeführt. Während der Ehe erworbene Anwartschaften auf Alters-, Invaliden- und sonstige Renten müssen bei der Scheidung zwischen den Ehepartnern ausgeglichen werden. Damit will man einer Schlechterstellung desjenigen Partners (in aller Regel der Frau) begegnen, der aus familiären Gründen nicht oder nicht voll erwerbstätig war.

Kinder haben nach der Scheidung Anspruch auf Unterhaltszahlungen gegen den nicht sorgeberechtigten Elternteil. Für die Höhe sind Richtsätze vorgegeben, die die finanzielle Leistungsfähigkeit berücksichtigen.

Ehe und Familie

ständige Organ der Jugendhilfe (Referat Jugendhilfe bei der Abteilung Volksbildung des Rates des Kreises) zu einer Stellungnahme aufgefordert. Obligatorisch ist eine solche Stellungnahme in streitigen Fällen, wenn also jeder Elternteil das Erziehungsrecht für sich begehrt.

Unterhalt

Bezüglich des Unterhalts nach der Scheidung geht das FGB davon aus, daß in der Regel beide Ehegatten berufstätig sind und deshalb grundsätzlich keine Notwendigkeit für eine finanzielle Unterstützung gegeben ist. Ein Anspruch auf Unterhalt besteht nur dann, wenn die Ehegatten mindestens ein Jahr verheiratet waren oder ein Kind geboren wurde und der bedürftige Teil entweder wegen Krankheit, Erziehung der Kinder oder aus anderen Gründen (hauptsächlich Alter) nicht in der Lage ist, allein für sich zu sorgen. Die Zahlungen sind im allgemeinen auf maximal zwei Jahre begrenzt. Ein unbefristeter Zuspruch erfolgt nur in Ausnahmefällen. Die Unterhaltsvorschriften werden in der Praxis recht eng ausgelegt. In etwa 85 von 100 Fällen wird überhaupt kein Unterhalt gewährt, zehn Prozent der Entscheidungen sehen Zahlungen für einen Zeitraum bis zu zwei Jahren vor und weniger als fünf Prozent für länger.

Die Erziehung von Kleinkindern, die in der Bundesrepublik regelmäßig einen Unterhaltsanspruch begründet, wird in der DDR nur ausnahmsweise entsprechend gewertet – etwa wenn zwei kleine Kinder zu versorgen sind und eines aus gesundheitlichen Gründen nicht in einer Krippe oder einem Kindergarten betreut werden kann. Wie aus veröffentlichten Urteilen hervorgeht, ist die Mutter jedoch selbst in solchen Fällen gehalten, zumindest eine Teilzeitarbeit auszuüben (zur staatlichen Unterstützung alleinstehender Elternteile vgl. S. 89).

Unterhaltsberechtigte geschiedene Ehegatten erhalten nach dem Tod des zahlungspflichtigen Versicherten eine Unterhaltsrente in Höhe des gerichtlich festgelegten Unterhalts, höchstens 270 Mark, wenn sie die für Witwen (Witwer) geltenden Voraussetzungen erfüllen und keine eigene Rente beziehen (vgl. dazu S. 43).

Kinder haben nach einer Scheidung Unterhaltsansprüche gegen den nicht erziehungsberechtigten Elternteil. Der Bemessung, für die es gestaffelte Richtlinien gibt, wird das Einkommen des Verpflichteten zugrunde gelegt.

*Direkte finanzielle Leistungen
des Staates an die Familien*

Kindergeld
und Ausbildungsbeihilfen

Bis 1955 erfolgte der Familienlastenausgleich ausschließlich, bis 1974 überwiegend durch Steuerfreibeträge bei der Lohn- und Einkommenssteuer. 1975 wurde dieses System durch die Einführung eines vom Einkommen unabhängigen Kindergeldes ersetzt. Die Sätze betragen zur Zeit (1982) 50 DM für das erste, 100 DM für das zweite, 220 DM für das dritte und jedes weitere Kind. Gezahlt wird für alle Kinder bis zur Vollendung des 16. Lebensjahres sowie für Jugendliche bis zu 27 Jahren, wenn sie sich in einer Schul- oder Berufsausbildung befinden, ein freiwilliges soziales Jahr leisten oder sich wegen körperlicher, geistiger oder seelischer Behinderung nicht selbst unterhalten können.

Die Unterstützung von Schülern (berufsbildende Schulen ab 10., allgemeinbildende Schulen ab 11., bei notwendiger auswärtiger Unterbringung ab 10. Klasse) und Studenten nach dem Bundesausbildungsförderungsgesetz (BAFÖG) ist einkommensabhängig. 1980 erhielten 345 000 Studenten (36 Prozent der Gesamtzahl) durchschnittlich 480 DM pro Monat (Höchstsatz 620 DM) sowie 490 000 Schüler durchschnittlich 285 DM. Rund 26 Prozent der Geförderten stammen aus Arbeiterfamilien.

Geburtenbeihilfe

Alle sozialversicherten Mütter erhalten eine Entbindungspauschale von 100 DM. Als einziges Bundesland zahlt Niedersachsen seit 1981 1000 DM je Geburt, falls das Jahreseinkommen der Eltern unter 24 000 DM liegt.

Steuerfreibeträge

Familienbezogene Steuerfreibeträge gibt es seit 1975 nur noch in besonderen Fällen, und zwar
- einen Haushaltsfreibetrag von 4212 DM jährlich für Alleinstehende mit mindestens einem zum Haushalt gehörenden Kind (Personen, denen der Freibetrag nicht zugute kommt, weil sie kein steuerpflichtiges Einkommen haben, erhalten einen Ausgleichsbetrag in Höhe von 30 DM monatlich);
- Ausbildungsfreibeträge für Kinder unter 18 Jahren (4200 DM bei auswärtiger Unterbringung, 2400 DM, wenn das Kind zu Hause wohnt) bzw. für Kinder unter 18 Jahren (1800 DM nur bei auswärtiger Unterbringung). Staatliche Ausbildungsbeihilfen (BAFÖG) werden ab 1982 voll auf diese Freibeträge angerechnet.

Zinslose Kredite

Zinslose Kredite für Ehepaare bzw. Familien gibt es in der Bundesrepublik nur auf Länderebene, wobei

Ehe und Familie

*Direkte finanzielle Leistungen
des Staates an die Familien*

Kindergeld
und Ausbildungsbeihilfen
Bis zum 30. November 1981 wurden
für das erste und zweite Kind 20, für
das dritte 50, für das vierte 60 und
für das fünfte und weitere Kinder jeweils 70 Mark pro Monat gezahlt.
Am 1. Dezember 1981 trat eine
Neuregelung in Kraft: Für erste und
zweite Kinder blieben die Sätze unverändert, während sie für das dritte
und jedes weitere Kind auf je 100
Mark angehoben wurden. Anspruch
auf Kindergeld besteht bis zum Abschluß der 10. Klasse der Allgemeinbildenden Oberschule (POS).
Für alle Schüler der Erweiterten
Oberschule (EOS) wird eine Ausbil-
dungsbeihilfe gewährt: 110 Mark
monatlich in Klasse 11, 150 Mark in
Klasse 12.
Alle Studenten erhalten ein Grundstipendium von 200 Mark.
Für Studenten, die sich vor dem Studium »in den bewaffneten Organen
der DDR oder in mehrjähriger Tätigkeit im Beruf bewährt haben«
oder sich verpflichten, nach dem
Studium »aktiven Wehrdienst zu leisten«, sowie für Studenten mit Kindern und Studenten, »die auf Grund
ihrer sozialen Verhältnisse besonderer Unterstützung bedürfen«, wird
das Grundstipendium zwischen 50
und 100 Mark erhöht. Leistungs-
und Sonderstipendien sind an her-
vorragende Studienergebnisse und

hohe »gesellschaftliche Aktivität«
gebunden.

Geburtenbeihilfe
Bei jeder Geburt zahlt der Staat
1000 Mark – und zwar in Teilbeträ-
gen anläßlich der vorgeschriebenen
ärztlichen Kontrolluntersuchungen.

Steuerfreibeträge
Allen Arbeitnehmern wird für jedes
Kind bis zu 18 Jahren ein Steuerfrei-
betrag von 50 Mark pro Monat eingeräumt – da in der Regel Vater und
Mutter berufstätig sind, also 100
Mark pro Familie und Kind. Über
die Altersgrenze hinaus wird der
Freibetrag auf Antrag gewährt,
wenn der Jugendliche überwiegend
von dem Steuerpflichtigen unterhalten wird, sich in der Ausbildung befindet und keine eigenen Einkünfte
(außer z.B. Stipendium oder Lehr-
lingsentgelt) hat.

Zinslose Kredite
Ein besonders kostenträchtiger Teil
des sozialpolitischen Programms
von 1972 ist die »Verordnung über
die Gewährung von Krediten zu ver-
günstigten Bedingungen an junge
Eheleute«. Danach können Eheleute unter 26 Jahren zinslose Kredite
bis zu einer Gesamthöhe von 10 000
Mark aufnehmen, die zweckgebun-
den für Wohnungsbeschaffung und
-ausstattung verwendet werden
müssen. Innerhalb der achtjährigen
Tilgungsfrist werden bei der Geburt
des ersten Kindes 1000 Mark erlas-

ausschließlich Berlin ein Familiengründungsdarlehen bis zu 5000 DM *unabhängig vom Einkommen* gewährt. Die Laufzeit beträgt 11 Jahre, wobei das erste Jahr tilgungsfrei bleibt. Bei der Geburt des ersten Kindes werden 1000 DM erlassen, beim zweiten Kind kann ein neues Darlehen in Höhe von 5000 DM aufgenommen werden, wobei die Restschuld aus dem vorausgegangenen Kredit getilgt wird. Berlin war (bis zu den letzten Wahlen) das einzige der sozialdemokratisch bzw. sozialliberal regierten Bundesländer, das solche Darlehen anbietet. Dagegen sind sie – mit unterschiedlicher Ausgestaltung und in der Regel einkommensabhängig – Bestandteil der Familienpolitik aller CDU- bzw. CSU-geführten Länder. Alle Varianten sehen Schuldnachlässe bei Geburten vor.

Besonderes Leistungen
für kinderreiche und/oder
einkommensschwache Familien
Abgesehen vom Kindergeld sind die sonstigen staatlichen Leistungen in der Regel vom Familieneinkommen abhängig. Dazu zählen: Ausbildungsbeihilfen, Wohngeld, Berechtigung zum Bezug einer Sozialwohnung, Urlaub in staatlich geförderten Familienferienstätten, Hilfe zum Lebensunterhalt bzw. Hilfe in besonderen Lebenslagen (Sozialhilfe). Anspruch auf Sozialhilfe besteht, wenn das Einkommen der Familie unter einem bestimmten Minimum liegt. Der Bedarf an Geldmitteln, um eine Lebensführung zu garantieren, die »der Würde des Menschen entspricht«, wird nach festgelegten Regelsätzen bemessen. Je nach Bundesland liegt der Regelsatz für den Haushaltsvorstand (ohne Miete und besondere Anschaffungen) 1982 zwischen 328 und 345 DM. Weitere Haushaltsangehörige haben – je nach Lebensalter – Anspruch auf 45 bis 90 Prozent des Regelsatzes.

Im dritten Familienbericht (der Sachverständigenkommission der Bundesregierung) von 1979 wird festgestellt: »Das Lebensniveau der Familie mit Kindern, insbesondere aber das der Familien mit mehr als zwei Kindern sinkt im Vergleich zu demjenigen des Ehepaares ohne Kinder drastisch ab. Die Kommission ist deshalb der Auffassung, daß die staatlichen Transferzahlungen für Kinder diesen Tatbestand stärker berücksichtigen müssen und Korrekturen dringend erforderlich sind.« Vorgeschlagen werden u. a. eine Dynamisierung des Kindergeldes sowie eine weitere Erhöhung der Leistungen für dritte und weitere Kinder. Doch die Chancen erscheinen angesichts der derzeitigen Finanzlage gering. So wurde die am 1. Februar 1981 in Kraft getretene Erhöhung des Kindergeldes (für zweite Kinder von 100 auf 120 DM, für dritte und weitere Kinder von 220 auf 240 DM) zum 1. Januar 1982 zurückgenommen.

sen, beim zweiten Kind 1500 Mark und beim dritten Kind 2500 Mark. Seit Inkrafttreten dieser Regelung am 1. Juli 1972 bis Mai 1982 sind Kredite in einer Gesamthöhe von 4,6 Milliarden Mark ausbezahlt worden, wovon wegen Geburten 1,5 Milliarden Mark erlassen wurden.

Besondere Leistungen
für kinderreiche und/oder
einkommensschwache Familien
Die besondere Unterstützung kinderreicher Familien (Eltern mit vier und mehr, Alleinstehende mit drei und mehr Kindern) ist in der DDR gesetzlich vorgeschrieben. Diese Regelung von 1975 umfaßt u. a.

– Hilfe bei der Wohnungsbeschaffung;
– Mietzuschüsse (abhängig von der Höhe des Einkommens);
– Zuwendungen »zum Erwerb von Kinderbekleidung, Betten und anderen Möbeln, Bettwäsche, Brennstoffen und sonstigen Gegenständen sowie bei besonders hohem Aufwand für Gas- und Stromverbrauch, für Umzugskosten, anläßlich der Einschulung, der Teilnahme am Kinderferienlager und der Jugendweihe« (abhängig vom Einkommen);
– verbilligte Dienstleistungen;
– Bevorzugung bei der Vergabe von Ferienplätzen.

Viertes Kapitel

Vergleichende Statistik

Vergleichende Statistik

Tabelle 13
Wohnbevölkerung nach Altersgruppen* in Prozent

Bundesrepublik Altersgruppe	insgesamt	männlich	weiblich	DDR insgesamt	männlich	weiblich
unter 6	5,7	6,2	5,3	7,6	8,5	7,0
6–15	12,8	13,7	11,9	11,8	12,9	10,9
15–21	10,0	10,8	9,2	10,1	11,1	9,4
21–45	34,2	36,7	31,9	34,1	37,0	31,7
45–60	18,0	17,7	18,4	17,0	16,3	17,6
60–65	3,6	3,0	4,2	3,5	2,7	4,1
65 und älter	15,7	11,8	19,0	15,6	11,6	19,3

* Bundesrepublik 1979, DDR 1980
Quelle: Statistische Jahrbücher 1981

Tabelle 14
Wohnbevölkerung nach Geschlecht und Familienstand 1979 in Millionen

	ledig männl.	weibl.	verheiratet männl.	weibl.	verwitwet männl.	weibl.	geschieden männl.	weibl.
BRD[1]	12,8	11,4	15,1	15,1	0,8	4,6	0,6	1,0
DDR[2]	3,2	2,9	4,2	4,2	0,2	1,3	0,2	0,5

1 Gesamtbevölkerung 61,4 Millionen, davon 29,3 Millionen männlich und 32,1 Millionen weiblich
2 Gesamtbevölkerung 16,7 Millionen, davon 7,8 Millionen männlich und 8,9 Millionen weiblich
Quelle: Statistische Jahrbücher 1981

Tabelle 15
Eheschließungen und Ehescheidungen auf 1000 Einwohner

	Eheschließungen BRD	DDR	Ehescheidungen BRD	DDR
1970	7,3	7,7	1,3	1,6
1971	7,0	7,6	1,3	1,8
1972	6,7	7,8	1,4	2,0
1973	6,4	8,1	1,5	2,3
1974	6,1	8,2	1,6	2,5
1975	6,3	8,4	1,7	2,5
1976	5,9	8,6	1,7	2,7
1977	5,8	8,8	1,2[1]	2,6
1978	5,4	8,4	0,5[1]	2,6
1979	5,6	8,2	1,3	2,7

1 Wegen der Eherechtsreform nicht mit den Vorjahren vergleichbar
Quelle: Statistische Jahrbücher 1981

Tabelle 16
Geburtenrate auf 1000 Einwohner

	Lebendgeborene BRD	DDR	Überschuß der Geborenen (+) bzw. Gestorbenen (−) BRD	DDR
1970	13,4	13,9	+ 1,3	− 0,2
1971	12,7	13,8	+ 0,8	±0
1972	11,3	11,8	− 0,5	− 2,0
1973	10,3	10,6	− 1,5	− 3,0
1974	10,1	10,6	− 1,6	− 3,0
1975	9,7	10,8	− 2,4	− 3,5
1976	9,8	11,6	− 2,1	− 2,3
1977	9,5	13,3	− 2,0	− 0,2
1978	9,4	13,9	− 2,4	± 0
1979	9,5	14,0	− 2,1	+ 0,1
1980*	10,1	14,6	− 1,5	+ 0,4

* Vorläufiges Ergebnis
Quelle: Statistische Jahrbücher 1981

Tabelle 17
Haushaltsgrößen (in Prozent)

	1 Person	2 Personen	3 Personen	4 Personen	5 Personen und mehr
Bundesrepublik	27	27	19	15	12
DDR	26	28	20	15	11

Quelle: Zahlenspiegel 1981

Tabelle 18
Durchschnittliches Nettoeinkommen 1980

	Bundesrepublik Deutschland in DM	DDR in Mark
4-Personen-Arbeitnehmerhaushalt	3868	1720
2-Personen-Rentnerhaushalt	2095	835

Quelle: Wochenbericht 3/82 des Deutschen Instituts für Wirtschaftsforschung, Berlin. Bereinigt um Kaufkraftunterschiede errechnet das DIW für beide Haushaltstypen einen realen Einkommensrückstand der DDR von gut 50 Prozent.

Tabelle 19
Krankengeld und Lohnfortzahlung für Arbeitnehmer
Stand Anfang 1980

Bundesrepublik Deutschland

1. bis 6. Woche: Lohn- bzw. Gehaltsfortzahlung (100 %). Bei Wiedererkrankung innerhalb von 12 Monaten je sechs Wochen. Darüber hinaus zahlreiche betriebliche Regelungen sowie Abmachungen in Tarifverträgen und längere Lohnfortzahlungen.

7. bis 78. Woche: 80 % des Regellohnes längstens für 78 Wochen in jeweils drei Jahren.

DDR

1. bis 6. Woche: Bei Arbeitsunfähigkeit wegen Arbeitsunfall 100 % des durchschnittlichen Nettolohns bzw. -gehaltes, bei Krankheit 90 % des durchschnittlichen Nettolohns bzw. -gehalts.

7. bis 78. Woche: Bei Arbeitsunfähigkeit wegen Arbeitsunfall 100 % des durchschnittlichen Nettolohns bzw. -gehalts, bei Krankheit je nach Versicherung (freiwillige Zusatzrentenversicherung) und Kinderzahl zwischen 50 und 90 % des durchschnittlichen Nettolohns bzw. -gehalts.

Quelle: Zahlenspiegel 1981

Vergleichende Statistik

Tabelle 20
Durchschnittsrenten der Sozialversicherung 1980

	Bundesrepublik[1]	DDR[2]
Altersrenten	682 (1040) DM	342,51 Mark
Witwenrenten	573 (802) DM	274,96 Mark
Waisenrenten	229 (252) DM	110,71 Mark

1 Rentenversicherung der Arbeiter und Angestellten, Zahlen für Angestellte in Klammern
2 Sozialversicherung einschl. Zusatzrenten der Freiwilligen Zusatzrentenversicherung

Quelle: Statistische Jahrbücher 1981

Tabelle 21
Staatliches Kindergeld 1982

Für das	Bundesrepublik	insgesamt	DDR	insgesamt
1. Kind	50 DM	50 DM	20 Mark	20 Mark
2. Kind	100 DM	150 DM	20 Mark	40 Mark
3. Kind	220 DM	370 DM	100 Mark	140 Mark
für jedes				
weitere Kind	220 DM		100 Mark	

Tabelle 22
Monatliche Ausgaben in 4-Personen-Arbeitnehmerhaushalten 1978

	Bundesrepublik (2150 DM = 100 Prozent)	DDR (1420 M = 100 Prozent)
Nahrungsmittel	24,9	32,0
Genußmittel	4,3	10,7
Bekleidung, Textilien	10,4	15,4
Möbel, Haushaltsgeräte	5,9	7,8
sonstige Industriewaren		
(z. B. Kraftfahrzeug)	19,6	20,1
Verkehrsleistungen	1,4	1,3
Miete und Nebenkosten	20,8	4,9
Reparaturen	2,6	1,9
Bildung, Unterhaltung, Erholung	6,3	3,6
sonstige Leistungen	3,8	2,3

Quelle: Zahlenspiegel 1982

Tabelle 23
Ausstattung mit langlebigen Konsumgütern 1980

Ausstattungsgrad je 100 Haushalte[1]	Bundes-republik	DDR
Personenkraftwagen	82	37,4
Kühlschrank	100	99
Gefrierschrank	80	3[2]
Waschmaschine	99[3]	81,7[3]
Rundfunkgerät	84/34[4]	99,9
Fernseher	97	89,5

1 In der DDR alle Haushalte, in der Bundesrepublik 4-Personen-Arbeitnehmerhaushalte mit mittlerem Einkommen.
2 Im Stat. Jahrbuch der DDR nicht ausgewiesen, Ergebnis einer Umfrage von 1975.
3 In der Bundesrepublik fast ausschließlich Vollautomaten, in der DDR überwiegend Halbautomaten.
4 84 % ohne, 34 % mit Stereo.

Quelle: Statistische Jahrbücher 1981

Tabelle 24
Wohnungsbestand 1. 1. 1979

	Bundes-republik	DDR
Wohnungen je 1000 Einwohner	403	405
Durchschnittliche Wohnungsgröße in m^2 (1976)	ca. 77 m^2	ca. 58 m^2
Altersstruktur nach Baujahrgruppen:		
vor 1919	24 %	49 %
1919–1945	15 %	20 %
nach 1945	61 %	31 %
Ausstattung:		
Zentralheizung	ca. 60 %	22 %
Bad	ca. 90 %	50 %

Quelle: Zahlenspiegel 1981

Bevölkerungsentwicklung
Anfang der siebziger Jahre bildeten die beiden deutschen Staaten die Schlußlichter der internationalen Statistiken zur Bevölkerungsentwicklung. Ab 1975 jedoch änderte sich das Bild. Kontinuierlich steigenden Geburtenziffern in der DDR stand bis 1979 eine weiterhin negative Tendenz in der Bundesrepublik gegenüber (vgl. Tabelle 16, S. 64). 1980 allerdings wuchs die Geburtenrate auch hier, und zwar im Vergleich zum Vorjahr um 6,8 Prozent. (Der Anteil ausländischer Neugeborener machte 1980 etwa 13 Prozent aus.)
Nach Untersuchungen des Statistischen Bundesamtes ist diese positive Entwicklung vorrangig auf eine bewußte Entscheidung für mehr Kinder und erst in zweiter Linie auf Veränderungen in der Bevölkerungsstruktur zurückzuführen – geburtenstarke Jahrgänge kommen ins heiratsfähige Alter. Dennoch liegt die Geburtenrate immer noch um ein Drittel unter dem Wert, der für eine Stabilisierung des derzeitigen Bevölkerungsbestandes erforderlich wäre.
Der Geburtenrückgang seit 1965 ist Teil einer langfristigen Entwicklung, die bereits um 1875 – mit dem Übergang zu einer hochentwickelten Industriegesellschaft – einsetzte und zwischen Mitte der fünfziger bis Mitte der sechziger Jahre dieses Jahrhunderts zeitweilig von einander verstärkenden demographi-

schen Faktoren überlagert wurde. Damals nahm z. B. der Anteil junger Ehen stark zu, weil viele Eheschließungen auf die Nachkriegszeit verschoben worden waren. Außerdem kamen bis Mitte der sechziger Jahre die starken Jahrgänge der von 1934 bis 1942 Geborenen ins heiratsfähige Alter. Schließlich brachte die Aufnahme von Vertriebenen und Flüchtlingen einen großen Zuwanderungsüberschuß jüngerer Menschen mit sich.
Für den allgemeinen Wandel des generativen Verhaltens im Sinne einer gewollten Beschränkung der Kinderzahl kommen nach Ansicht von Experten unter anderem folgende Gründe in Betracht:
– die Erfahrung, daß Kinder Belastungen und Einschränkungen des materiellen Lebensstandards mit sich bringen;
– die Schwierigkeiten der Eltern, familiäre und berufliche Aufgaben miteinander zu vereinbaren;
– die unzureichende Vorbereitung junger Menschen auf die Anforderungen der Elternrolle;
– Probleme der Wohnbedingungen und der Wohnumwelt;
– eine generell wenig kinderfreundliche Einstellung der Gesellschaft.
Während die CDU/CSU eine aktive Bevölkerungspolitik unter anderem durch Ausweitung des Familienlastenausgleichs befürwortet (vgl. dazu auch S. 60), vertritt die sozialliberale Bundesregierung grundsätzlich

Bevölkerungsentwicklung
Die demographische Ausgangslage der Sowjetischen Besatzungszone Deutschlands war durch zwei Hauptkriterien gekennzeichnet: ungünstige Altersstruktur und extreme Disproportion des Geschlechterverhältnisses. Beide Merkmale erforderten die zügige Eingliederung der Frauen in den Produktionsprozeß. Der ideologische Anspruch der sozialistischen Gleichberechtigungstheorie wurde mithin von Anfang an durch starke ökonomische Zwänge gestützt. Daran änderte sich auch in den folgenden Jahren kaum etwas. Der extrem hohe Frauenüberschuß gerade in den jüngeren Jahrgängen und die darauf zurückzuführenden Geburtenausfälle bewirkten vielmehr eine weitere Fehlentwicklung. Hinzu kam bis 1961 die Abwanderung von rund drei Millionen meist jüngeren Menschen. Der Anteil der Bevölkerung im erwerbsfähigen Alter ging absolut und relativ laufend zurück, während die zunehmende Industrialisierung einen stetig wachsenden Bedarf an Arbeitskräften auslöste, der wiederum nur durch den weiteren Anstieg der weiblichen Beschäftigtenquote befriedigt werden konnte.
In den folgenden Jahren trat insofern eine Konsolidierung der Bevölkerungsstruktur ein, als sich der Frauenüberschuß in die Jahrgänge über 45 verlagerte. Trotzdem nahm die Zahl der Geburten zwischen 1965 und 1973 um rund 100 000 ab,

die Fruchtbarkeitsziffer (Anzahl der Lebendgeborenen bezogen auf 1000 Frauen im gebärfähigen Alter) sank zwischen 1965 und 1972 von 2483 auf 1786. Die Ursachen für diese Entwicklung waren wegen des inzwischen relativ ausgeglichenen Geschlechterverhältnisses vorrangig im nichtdemographischen Bereich zu suchen. Der Bevölkerungswissenschaftler Lungwitz faßte die vorherrschende Auffassung folgendermaßen zusammen:

– zunehmende Berufstätigkeit der Frauen und daraus resultierende Belastungen;
– unzureichende Wohnverhältnisse und Dienstleistungseinrichtungen;
– die noch unzureichende Betreuung der Kinder berufstätiger Mütter;
– die Kenntnis und immer stärkere Anwendung von Methoden der Familienplanung bis hin zur Schwangerschaftsunterbrechung;
– die Belastung des Familienbudgets durch Kinder, das dadurch beeinträchtigte Anwachsen des Lebensstandards der Familie, der Verzicht auf Annehmlichkeiten des Lebens;
– das wachsende Bildungsniveau der Frauen und verlängerte Ausbildungswege, die zur späteren Geburt des ersten Kindes und zur Reduzierung der Zahl folgender Kinder führen;
– die Angleichung der Lebensbe-

die Einstellung, »daß die Entscheidung für oder gegen ein Kind allein bei den Eltern liegt«. Sie lehnt deshalb »staatliche Maßnahmen ab, die auf diese Entscheidung zielen«. Andererseits wird allerdings betont, daß es »Aufgabe einer Politik für die Familie« sei, »die ökonomischen, sozialen und kulturellen Bedingungen für ein freies und selbstverantwortlich gestaltetes Zusammenleben der Menschen in der Familie zu ermöglichen und die Familienumwelt kinderfreundlicher zu gestalten«. In diesem Zusammenhang wird darauf hingewiesen, daß sich der finanzielle Aufwand für den Familienlastenausgleich zwischen 1969 und 1979 von neun auf über 17 Milliarden DM im Jahr erhöht hat (Antwort der Bundesregierung auf eine Große Anfrage der CDU/CSU-Fraktion, Bundestagsdrucksache 8/3299 vom 26. Oktober 1979).

Das Deutsche Institut für Wirtschaftsforschung, Berlin, hat 1980 eine neue Ausrichtung der staatlichen Familienförderung empfohlen – und zwar zugunsten von Arbeitnehmerfamilien, für die Kinderreichtum oft gleichbedeutend mit empfindlichen Einschränkungen des Lebensstandards sei. Demgegenüber gebe es andere Gruppen, deren hohes Einkommensniveau zusätzliche familienbezogene Leistungen des Staates kaum rechtfertige.

Nach Angaben der Berliner Forscher gab es 1979 im Bundesgebiet etwa 15,6 Millionen Familien. Ihr verfügbares Einkommen ist von durchschnittlich 1730 DM pro Monat im Jahre 1970 auf 3400 DM im letzten Jahr gestiegen. Der häufigste Wert lag jedoch mit 1900 DM erheblich unter dem Durchschnittseinkommen, das durch hohe Verdienste einer relativ kleinen Gruppe statistisch nach oben gedrückt wurde.

Mit steigender Kinderzahl nimmt im Durchschnitt auch das verfügbare Einkommen zu. Das bedeute jedoch nicht, daß Kinderreichtum ein hohes Einkommen nach sich ziehe. Vielmehr seien Familien mit vergleichsweise hohem Einkommen eher in der Lage und auch willens, mehr Kinder aufzuziehen als Familien mit geringen Einkünften. Ehepaare mit einem Kind verdienten am häufigsten 2100 DM, bei fünf oder mehr Kindern stieg dieser Wert auf 3900 DM. Ehepaare ohne Kinder konzentrierten sich dagegen in der Einkommensklasse zwischen 1500 und 1750 DM. In einer personenbezogenen Rechnung stehen sie sich jedoch besser als Ehepaare mit Kindern, weil vom jeweiligen Familieneinkommen eine unterschiedliche Zahl von Personen zu versorgen ist. Es zeigte sich, daß das Pro-Kopf-Einkommen mit steigender Familiengröße abnimmt. In kinderlosen Familien entfallen im Berichtsjahr auf jeden Ehepartner durchschnittlich 1280 DM im Monat, Ehepaare mit einem Kind verfügen je Familienmitglied über 1100 DM, und in großen Familien mit fünf und mehr

Vergleichende Statistik

dingungen und des Reproduktionsverhaltens von Land- und Stadtbevölkerung.
Diese teilweise wechselseitig aufeinander einwirkenden Gründe haben die sozialpolitischen Maßnahmen von 1972 entscheidend mitbestimmt (vgl. S. 81). Der Zeitpunkt ihrer Einführung war nicht zuletzt von der Freigabe der Schwangerschaftsunterbrechung im März 1972 beeinflußt (vgl. S. 75).
Als Voraussetzung für eine einfache Reproduktion der Bevölkerung wurde (und wird) in der DDR übereinstimmend eine Zahl von zwei bis drei Kindern je Familie genannt.
Der Anteil dritter und weiterer Kinder war jedoch seit 1965 erheblich zurückgegangen. Damit stellte sich die Frage, ob und wie man das individuelle Reproduktionsverhalten nachhaltig beeinflussen kann. Eine Identität gesellschaftlicher und persönlicher Interessen ist diesbezüglich sehr viel schwieriger zu konstruieren als beispielsweise hinsichtlich der Teilnahme an der Produktion. Spielen in diesem Fall neben anderen jeweils auch materielle Komponenten mit, so stehen in jenem dem konkreten Anspruch der Gesellschaft auf der Seite der Familie nur schwer kalkulierbare »ideelle Bedürfnisse« gegenüber. Die daraus resultierende Hilflosigkeit kam darin zum Ausdruck, daß eine größere Kinderzahl zum Bestandteil der sozialistischen Familienmoral hochstilisiert wurde. Dabei bediente man

sich des gleichen Verdikts, das Anfang der sechziger Jahre die Beschränkung einer Frau auf Haushalt und Erziehung traf:
»Der dauernde Verzicht auf Kinder, auch die gewollte Beschränkung auf ein Kind ist moralisch in der Regel nicht gerechtfertigt und allzu oft Ausdruck einer kleinbürgerlichen Haltung«. (So die Ostberliner Familienrechtlerin Anita Grandke 1972.)
Mit dem Maßnahmenkatalog von 1972 wurde immerhin erreicht, daß die Geburtenrate nicht weiter absank, sondern sich auf ein niedriges Niveau einpendelte. Erst das sehr viel weitergehende sozialpolitische Programm von 1976 (s. S. 83) sorgte für einen »Babyboom« (vgl. Tabelle 16, S. 64). Insgesamt erhöhte sich die Geburtenrate von 1974 bis 1979 um rund 30 Prozent.
Wie diese Entwicklung von den Bevölkerungswissenschaftlern in der DDR eingeschätzt wird, zeigt ein Bericht über die Tagung des Wissenschaftlichen Rates für die wirtschaftswissenschaftliche Forschung zum Thema »Probleme der demografischen Entwicklung bei der weiteren Gestaltung der entwickelten sozialistischen Gesellschaft in der DDR« am 13. März 1979:
»Die Einschätzung der Ergebnisse der Bevölkerungspolitik in den letzten Jahren konnte davon ausgehen, daß das Jahr 1974 das letzte eines über längere Zeit anhaltenden Rückganges der Geburtenzahlen in der DDR war und daß sich seit 1975

Kindern sind jeder Person nur noch 895 DM zuzurechnen.

An der Spitze der Einkommenspyramide stehen kinderlose Ehepaare, die selbständig sind. Auch mit Kindern verfügen Selbständige über die höchsten Einkünfte. Für Arbeitnehmerfamilien mit mehreren Kindern dagegen ist die Einkommenslage je Familienmitglied ungünstiger als im Durchschnitt für Familien von Rentnern.

Die Berechnung nach Pro-Kopf-Einkommen zeigt, daß Arbeitnehmerehepaare mit Kindern um 22 Prozent, Arbeiterfamilien mit fünf und mehr Kindern sogar um 40 Prozent unter dem durchschnittlichen Einkommen liegen. Wegen dieses Ergebnisses erscheint es nach Auffassung der Berliner Wirtschaftsforscher sinnvoll, die Ausgestaltung der Familienförderung zu überdenken.

eine sehr positive Entwicklung vollzogen hat. Mit 232 151 Lebendgeborenen wurden 1978 etwa 53 000 Kinder mehr geboren als 1974 (ein Zuwachs von 29,6 %), die Gesamtfruchtbarkeitsziffer stieg von 1540 (1975) auf 1891 (1978) je 100 Frauen im gebärfähigen Alter. Etwa 80 % des Zuwachses wurden aufgrund des veränderten Reproduktionsverhaltens der Bevölkerung erreicht, etwa 20 % ergeben sich aus der größeren Zahl der Frauen im fertilen Alter sowie des Eintretens zahlenmäßig stärkerer Jahrgänge von Frauen in das fertile Alter als in den Jahren zuvor. Das genannte Ergebnis ist eine Auswirkung der seit dem VIII. Parteitag der SED verwirklichten weitreichenden sozial- und bevölkerungspolitischen Maßnahmen . . . Die einfache Reproduktion der Bevölkerung, der Ersatz der Elterngeneration wurde mit der bis 1978 eingetretenen Geburtenentwicklung bereits zu etwa 90 % erreicht, um sie vollständig zu gewährleisten, wären etwa 260 000 Lebendgeborene notwendig, d. h. eine Gesamtfruchtbarkeitsziffer von 2100 je 1000 Frauen im gebärfähigen Alter.« Mit 245 000 lebendgeborenen Kindern erreichte die Geburtenrate der DDR 1980 wieder den Stand von 1968. Allerdings wird sie nach der Ansicht von Bevölkerungswissenschaftlern in den nächsten Jahren nicht mehr weiter wachsen. 1981 war gegenüber dem Vorjahr bereits ein Rückgang um 7614 Geburten zu verzeichnen. Zwischen 1990 und 1995 wird – wegen der sinkenden Zahl von Frauen im gebärfähigen Alter – ein erneuter Tiefpunkt erwartet. Danach könnte es dann zu einem kräftigen Anstieg kommen, wenn sich die von der SED als gesellschaftliche Norm propagierte Drei-Kinder-Familie stärker durchsetzt.

Bislang wünschen sich allerdings nur zehn Prozent der Frauen im gebärfähigen Alter drei Kinder. Nach Erhebungen des Ostberliner Instituts für Soziologie und Sozialpolitik von 1981 haben die sozialpolitischen Maßnahmen der letzten Jahre den bereits bestehenden Kinderwunsch nicht verändert, sondern lediglich dessen Erfüllung positiv beeinflußt. Als Argumente gegen ein drittes Kind nannten die befragten Frauen in erster Linie beengte Wohnverhältnisse und Mangel an Zeit.

Schwangerschaftsabbruch

Die 1974 vom Deutschen Bundestag mit absoluter Mehrheit verabschiedete Fristenregelung wurde im Februar 1975 vom Bundesverfassungsgericht für verfassungswidrig erklärt. Zwei der mit diesem – auf Antrag der CDU/CSU eingeleiteten – Verfahren befaßten Richter formulierten eine von der Mehrheitsentscheidung abweichende Stellungnahme, in der es einleitend heißt: »Das Leben jedes einzelnen Menschen ist selbstverständlich ein zentraler Wert der Rechtsordnung. Unbestritten umfaßt die verfassungsrechtliche Pflicht zum Schutz dieses Lebens auch seine Vorstufe vor der Geburt. Die Auseinandersetzungen im Parlament und vor dem Bundesverfassungsgericht betrafen nicht das *Ob,* sondern allein das *Wie* dieses Schutzes. Die Entscheidung hierüber gehört in die Verantwortung des Gesetzgebers. Aus der Verfassung kann unter keinen Umständen eine Pflicht des Staates hergeleitet werden, den Schwangerschaftsabbruch in jedem Stadium der Schwangerschaft unter Strafe zu stellen. Der Gesetzgeber durfte sich sowohl für die Beratungs- und Fristenregelung wie für die Indikationslösung entscheiden.«

Die am 21. Juni 1976 als Kompromißlösung in Kraft getretene Reform des § 218 StGB erlaubt den Abbruch einer Schwangerschaft unter bestimmten Voraussetzungen (Indikationen).

Indikationen: 1. medizinisch (Gefahr für Leben oder Gesundheit der Schwangeren); 2. eugenisch (bei zu erwartender Schädigung des Kindes); 3. ethisch (wenn die Schwangerschaft auf einer »rechtswidrigen Tat« – Vergewaltigung – beruht); 4. sozial (schwerwiegende Notlage der Schwangeren). Bei medizinischer Indikation ist ein Abbruch unbegrenzt möglich, bei der eugenischen in den ersten 22 Wochen, bei der ethischen und sozialen in den ersten 12 Wochen.

Jede erlaubte Abtreibung setzt eine medizinische und eine soziale Beratung voraus sowie die Feststellung einer Indikation durch einen Arzt. Anschließend darf der Eingriff von einem *anderen* Arzt vorgenommen werden.

Das Bundesministerium für Jugend, Familie und Gesundheit hat eine unabhängige Sachverständigen-Kommission damit beauftragt, die Auswirkungen des Gesetzes zu überprüfen. Fazit des Berichts: Die Zahl der illegalen Abbrüche hat abgenommen, doch wenden sich immer noch viele Frauen an Kliniken im Ausland (schätzungsweise 80 000 pro Jahr). 1978 wurden insgesamt 73 548 Abbrüche registriert, davon rund drei Viertel wegen sozialer Indikation (medizinische Indikation 22 Prozent, eugenische 3,7 Prozent, ethische 0,1 Prozent). In Berlin und Hamburg lagen die Zahlen am höchsten, in Bayern, Rheinland-Pfalz und im Saarland am niedrigsten. Die

Schwangerschaftsabbruch

Im März 1972 wurde in der DDR die Fristenregelung eingeführt. 14 Abgeordnete der Ostberliner Volkskammer hatten gegen die Liberalisierung des Abtreibungsverbots gestimmt, acht hatten sich der Stimme enthalten. Zum ersten und bislang einzigen Mal in der Geschichte der DDR war ein Gesetz nicht einstimmig angenommen worden. Das Recht jeder Frau, in den ersten drei Monaten »in eigener Verantwortung« über den Fortbestand einer Schwangerschaft zu entscheiden, blieb noch längere Zeit umstritten. Die Gegenargumente konzentrierten sich im wesentlichen auf drei Punkte: ethische Bedenken gegen den Eingriff in »keimendes Leben«, Furcht vor zunehmender moralischer Leichtfertigkeit, Sorge um die Entwicklung der Geburtenrate.

Insbesondere der dritte Vorbehalt schien sich zunächst zu bestätigen. In den ersten Monaten nach Inkrafttreten des Gesetzes machten rund 70 Prozent aller Erstschwangeren und etwa 60 Prozent der Schwangeren insgesamt von dem Recht auf Abbruch innerhalb der 12-Wochen-Frist Gebrauch. Als Reaktion darauf wurde sogar die Überlegung laut, die gesetzliche Regelung zu revidieren. Doch in den folgenden Jahren entwickelten sich die Relationen zunehmend günstiger: 1979 stand drei Geburten noch ein Schwangerschaftsabbruch gegenüber.

Die Befragung von 200 Patientinnen, die in Karl-Marx-Stadt eine Abtreibung vornehmen ließen, gab Mitte der siebziger Jahre Aufschluß über die vorherrschenden Motive. So zeigte sich, daß die Neigung zum Schwangerschaftsabbruch mit dem Alter und der Kinderzahl steigt. 60 Prozent der Befragten waren älter als 25, 47 Prozent hatten zwei oder mehr Kinder. Als Gründe für ihren Entschluß gaben die Frauen am häufigsten Wohnungsprobleme, Zeitmangel wegen beruflicher Weiterbildung, fehlenden Kinderwunsch und finanzielle Schwierigkeiten an. Mit deutlichem Abstand folgten gesundheitliche und weitere Motive. Außerdem stellte sich heraus, daß die Mehrzahl der Patientinnen den Schwangerschaftsabbruch nicht als letzten Ausweg angesehen, sondern mehr oder weniger bewußt als Mittel der Familienplanung einkalkuliert hatte. 66 Prozent der befragten Frauen hatten in der Vergangenheit auf jede Antikonzeption verzichtet. Nur 39 Prozent wollten in Zukunft die auf Rezept kostenlos abgegebene Pille nehmen oder eine andere Methode zur Schwangerschaftsverhütung anwenden. Zwar zeigten sich rund 60 Prozent fest entschlossen, es nie mehr zu einer Abtreibung kommen zu lassen, doch spielte dabei natürlich die Nachwirkung des gerade erlebten Eingriffs eine große Rolle. Führende Mediziner der DDR forderten deshalb eine intensivere Aufklärung und Beratung.

Erfahrungen mit der gesetzlich vorgeschriebenen Beratung sind überwiegend positiv. Nur 11 Prozent der
befragten Frauen berichteten von
unangenehmen Erlebnissen. 28 Prozent klagten dagegen über Schwierigkeiten mit den Ärzten. Insgesamt
sind nur 30 Prozent der in Frage
kommenden Krankenhäuser bereit,
einen Schwangerschaftsabbruch
nach Feststellung einer sozialen Indikation vorzunehmen. Die Haltung
der maßgeblichen Mediziner steht in
einem engen Zusammenhang mit ihrer Konfession: 36 Prozent der pro-
testantischen, aber nur 11 Prozent
der katholischen Chefärzte akzeptieren die soziale Notlage. Vor allem
in ländlichen Gebieten mit einer geringen Auswahl an Kliniken und gy-
näkologischen Praxen ist es deshalb
häufig sehr schwer, einen Arzt zu
finden, der den Abbruch vornimmt.
Nach Auffassung der Sachverständigen kann man nicht von einer »Ab-
bruchmentalität« bei den Frauen
sprechen. Die Abtreibung werde
vielmehr durchweg »als die mit Abstand schlechteste Möglichkeit zur
Vermeidung einer Geburt« eingestuft.

Die Kommission fordert eine bessere Aufklärung über Familienplanung, insbesondere in den unteren
Sozialschichten, bei Ausländern,
Nichtverheirateten und Minderjährigen. Außerdem schlägt sie modell-
hafte Sondereinrichtungen vor, in
denen neben Familienberatung
auch die Durchführung von Schwan-
gerschaftsabbrüchen möglich sein
sollte.

Vergleichende Statistik

1979/80 wurde in zahlreichen Frauenkliniken der DDR erneut nach den Motiven für eine Abtreibung geforscht. Nach Meinung des Leiters der dafür zuständigen Arbeitsgruppe wird das Gesetz »sehr verantwortungsbewußt« in Anspruch genommen. 80 Prozent aller Interruptions-Patientinnen hätten bereits Kinder, und zwar »im Durchschnitt mehr als die Frauen gleicher Alterspopulation im DDR-Durchschnitt.«

Der Gynäkologe betonte, daß die Abtreibung – wegen nie auszuschließender Komplikationen – stets nur »die letzte Möglichkeit der Geburtenregelung« sein könne. Hier gehe es um die richtige sexual-ethische Erziehung von Kindern und Jugendlichen: Elternhaus und Schule müßten mit Unterstützung von Medizinern bemüht sein, »junge Menschen auf eine verantwortungsbewußte Partnerschaft vorzubereiten«.

Fünftes Kapitel

Vereinbarkeit von Beruf und Familie

Vereinbarkeit von Beruf und Familie

Arbeitszeit
1980 arbeiteten 30,3 Prozent der insgesamt gut 10 Millionen weiblichen Erwerbstätigen weniger als 40 Stunden pro Woche (16,2 Prozent unter 21 Stunden, 14,1 Prozent zwischen 21 und 39 Stunden). Vor allem Frauen mit kleineren Kindern sehen in einer Teilzeitarbeit oft die einzige Möglichkeit, ihre Erwerbstätigkeit fortzusetzen bzw. in den Beruf zurückzukehren. Sie müssen allerdings meistens in Kauf nehmen, daß es sich dabei um weniger qualifizierte Tätigkeiten handelt, Aufstiegsmöglichkeiten in der Regel entfallen und die Arbeitsplätze zudem relativ unsicher sind. Rationalisierung und Wirtschaftsflaute haben in den letzten zehn Jahren zu einem stetigen Abbau von Teilzeitplätzen geführt. Bereits Ende 1972 überstieg die Nachfrage das Angebot um mehr als 30 Prozent. Im April 1977 kamen auf 192 612 arbeitslose Frauen, die eine Teilbeschäftigung suchten, nur noch 24 400 offene Stellen. Fünf Jahre später, im Februar 1982, suchten bereits 244 000 weibliche Arbeitslose eine Halbtagsstelle – bei rapide geschrumpftem Angebot. Entsprechend einer Neuregelung der »Zumutbarkeit« müssen sie auch eine Vollzeitarbeit annehmen (wenn sie nicht mindestens ein Kind unter 16 Jahren oder eine pflegebedürftige Person zu versorgen haben), sonst wird die Arbeitslosenunterstützung gesperrt. Die Chancen sind allerdings insgesamt gering: Allein zwischen März 1981 und März 1982 stieg die Quote arbeitsloser Frauen um 36 Prozent auf 771 300. Sie wäre noch bedeutend höher, wenn diejenigen hinzugerechnet würden, die sich angesichts der düsteren Aussichten erst gar nicht um einen Arbeitsplatz bemühen. Umworben in Zeiten der Hochkonjunktur – auf dem Abstellgleis in Wirtschaftskrisen, so läßt sich – vergröbert – die Situation der Frauen auf dem westdeutschen Arbeitsmarkt charakterisieren. Im Durchschnitt schlechter ausgebildet als die Männer, auf eine enge Berufspalette fixiert, durch Familienpflichten in der Mobilität beschränkt – alle diese Handicaps schlagen voll durch, sobald ein Überangebot an Arbeitskräften besteht. Die berufliche Gleichberechtigung ist in solchen Zeiten nur schwer voranzubringen. Ressentiments gegen die sogenannten »Doppelverdiener« werden wach, viele sähen die Frauen gern auf ihre »eigentliche« Aufgabe in der Familie verwiesen.

Neue kostenträchtige Maßnahmen zur besseren Vereinbarkeit von Familie und Beruf sind in der gegenwärtigen Lage kaum zu erwarten. Auch dürfte die von SPD und FDP präferierte »familiengerechte Arbeitszeit« (Verkürzung auf etwa sechs Stunden pro Tag für *Männer und Frauen* zugunsten einer partnerschaftlichen Aufgabenteilung im beruflichen und privaten Bereich) in naher Zunkunft kaum eine Chance

Vereinbarkeit von Beruf und Familie

Arbeitszeit

Infolge der ungünstigen Bevölkerungsstruktur ging die Zahl der erwerbsfähigen Personen in der DDR zwischen 1955 und 1970 – bei gleichzeitig steigendem Arbeitskräftebedarf – um rund 1,5 Millionen zurück. Daß die Beschäftigungsquote dennoch konstant blieb bzw. leicht zunahm, wurde beinahe ausschließlich durch die verstärkte Teilnahme der Frauen am Produktionsprozeß ermöglicht (zwischen 1955 bis 1970 stieg der Anteil von 44 auf 48,3 Prozent).

Allerdings war im gleichen Zeitraum ein zunehmender Trend zur Teilzeitbeschäftigung zu verzeichnen, der durch die Einführung der 5-Tage-Woche im Jahre 1967 merkbar beschleunigt wurde. Da die durchschnittliche Arbeitszeit nur geringfügig (von 45 auf 43 3/4 Stunden, dieser Durchschnitt gilt bis heute) abnahm, verlängerte sich der normale Arbeitstag um rund 45 Minuten. Das machte es vielen Frauen offensichtlich unmöglich, Vollbeschäftigung und Familienpflichten miteinander in Einklang zu bringen. Zwischen 1967 und 1970 nahm der Anteil verkürzt arbeitender Frauen um mehr als vier Prozent auf insgesamt rund 30 Prozent zu.

Auf dem VIII. Parteitag der SED im Juni 1971 wurde die (ideologische und ökonomische) Notwendigkeit betont, dieser Tendenz Einhalt zu gebieten. Im Bericht des ZK unterstrich Erich Honecker: »Worauf es ankommt, ist die schrittweise Lösung jener Probleme, von denen es abhängt, ob die Frau von ihren gleichen Rechten auch in vollem Umfang Gebrauch machen kann.«

Ein erster Schritt war der gemeinsame Beschluß des ZK der SED, des Bundesvorstandes des FDGB und des Ministerrates der DDR vom April 1972 »Über sozialpolitische Maßnahmen in Durchführung der auf dem VIII. Parteitag beschlossenen Hauptaufgabe.«

Die Arbeitszeiten und Urlaubsansprüche änderten sich wie folgt:

»Für alle vollbeschäftigten Mütter mit drei und mehr zum eigenen Haushalt gehörenden Kindern bis zu 16 Jahren wird die 40-Stunden-Woche ohne Lohnminderung eingeführt. Ihr Mindesturlaub wird auf 21 Werktage erhöht. Arbeiten diese Frauen im Mehrschichtsystem, erhalten sie einen Mindesturlaub von 24 Werktagen.

Für alle vollbeschäftigten Mütter mit zwei zum eigenen Haushalt gehörenden Kindern bis zu 16 Jahren wird der Mindesturlaub auf 18 Werktage erhöht.

Arbeiten diese Frauen im Mehrschichtsystem, wird für sie ebenfalls die 40-Stunden-Woche ohne Lohnminderung und ein Mindesturlaub von 21 Werktagen eingeführt.«

Doch der erwartete Effekt – die Mobilisierung der faktisch letzten nennenswerten Arbeitsreserve – trat nur bedingt ein. Relativ wenige Teilzeitkräfte gingen zur Vollbeschäfti-

haben. Es stimmt zwar, daß Teilzeitarbeit vielfach »die beruflichen Chancen der Frauen beschränkt und zum Hemmschuh der Frauen in der Arbeitswelt wird« (Waltraude Steinhauer/SPD). Doch solange sie in vielen Fällen die einzige Möglichkeit bietet, die Doppelbelastung erträglich zu machen, sollten die Betriebe zur Bereitstellung entsprechender Arbeitsplätze angeregt werden. Positive Erfahrungen könnten unter Umständen dazu beitragen, daß Teilzeitbeschäftigten in zunehmendem Maß auch qualitativ höherwertige Positionen angeboten werden.

Einige von Landesregierungen geförderte Modellprojekte erbrachten recht positive Resultate. In Rheinland-Pfalz beispielsweise wurden mit finanziellen Zuschüssen aus Landesmitteln 200 Modellplätze in 36 Unternehmen geschaffen. Resultat der wissenschaftlichen Begleituntersuchung: Über 70 Prozent der beteiligten Firmen beurteilten den Modellversuch als Erfolg. 90 Prozent der Teilzeitkräfte wurden nach Beendigung des Projekts weiterbeschäftigt; 75 Prozent der Firmen wollen die Teilzeitbeschäftigung generell beibehalten. Als besonders bemerkenswert wird hervorgehoben, daß die finanzielle Förderung für die Mehrzahl der Unternehmen nicht von ausschlaggebender Bedeutung war. Sie vertraten vielmehr die Meinung, daß eine intensivere Information durch staatliche Stellen, Arbeitsämter und Wirtschaftsverbände ein wirksames Mittel zur Förderung der Teilzeitbeschäftigung sein könnte. Diese Ansicht wird von den Verfassern des Forschungsberichts geteilt. Dabei sei besonders herauszustellen und nachzuweisen, daß Teilzeitarbeit eine »normale« Beschäftigung mit lediglich kürzeren Arbeitszeiten sei. Durch sorgfältige Analysen und Versuche in der Berufspraxis sollten Möglichkeiten einer stärkeren Ausweitung des Teilzeitangebots auf alle Qualifikationsstufen ausgelotet werden. Die Wissenschaftler erwarten, daß »im Zuge der Veränderung« von Lebensgewohnheiten und Einstellungen« Teilzeitarbeit zunehmend auch von Männern angestrebt wird. (Zur Zeit sind rund 90 Prozent aller Teilbeschäftigten Frauen.)

Eine relativ neue, sehr kontrovers diskutierte Variante der Teilzeitbeschäftigung ist das »Job-Sharing«. Dabei teilen sich zwei oder mehr Arbeitnehmer einen Vollzeitplatz, wobei die Arbeitszeiten individuell (nach Stunden, Tagen, Wochen, Monaten) aufgegliedert werden können. Die – hauptsächlich von den Gewerkschaften – vorgebrachten Bedenken hinsichtlich einer befriedigenden arbeitsrechtlichen Absicherung sollten durch entsprechend sorgfältig gestaltete Arbeitsverträge ausgeräumt werden können.

Das niedersächsische Wirtschafts-

Vereinbarkeit von Beruf und Familie

gung über. Der Anteil verkürzt arbeitender Frauen stieg vielmehr bis 1974 auf rund 35 Prozent. Es war deshalb zu erwarten, daß der Unterstützung berufstätiger Mütter auch weiterhin besondere Beachtung zukommen würde. Dennoch dürfte das Ausmaß des eine Woche nach dem IX. Parteitag der SED verkündeten neuerlichen Beschlusses von ZK der SED, FDGB-Bundesvorstand und Ministerrat auch in der DDR selbst überrascht haben.

Neben einer entscheidenden Verbesserung des Mutterschutzes (Einführung des »Babyjahres«, vgl. S. 85) wurde für alle vollbeschäftigten Mütter mit mindestens zwei zum eigenen Haushalt gehörenden Kindern unter 16 Jahren die 40-Stunden-Arbeitswoche ohne Lohnminderung eingeführt (ab. 1. Mai 1977).

Außerdem wurde der Kreis derjenigen Frauen erweitert, die Anspruch auf einen monatlichen Hausarbeitstag haben. Stand er zuvor nur den weiblichen Vollbeschäftigten zu, deren Haushalt mindestens zwei Personen umfaßte, so wird er seit dem 1. Januar 1977 auch alleinstehenden vollbeschäftigten Frauen mit eigenem Haushalt ohne Kinder gewährt. (Anspruch auf einen monatlichen Hausarbeitstag haben auch »vollbeschäftigte alleinstehende Väter mit Kindern im Alter bis zu 18 Jahren, wenn es die Betreuung des Kindes bzw. der Kinder erfordert«, sowie »vollbeschäftigte werktätige Männer bei ärztlich bescheinigter Pflege-

bedürftigkeit der Ehefrau, wenn es die Erfüllung der Aufgaben im Haushalt erfordert«. Die Entscheidung trifft der Betriebsleiter mit Zustimmung der zuständigen betrieblichen Gewerkschaftsleitung.)

Die Entscheidung vollerwerbsfähiger Frauen für eine Teilzeitarbeit galt und gilt in der DDR prinzipiell als unerwünscht. Für den dennoch starken Trend zur Teilzeitbeschäftigung wurden und werden in der Literatur sowohl »objektive« als auch »ideologische« Gründe angeführt. Dabei dominiert in der ersten Kategorie die Belastung durch Haushalt und Kinder, in der zweiten die mangelnde Einsicht in die bewußtseinsmäßige und ökonomische »Bedeutung der vollen Berufstätigkeit«. Gestützt wird diese Einschätzung durch mehrere soziologische Erhebungen.

Auf der Grundlage von Befragungen nach den Gründen für die Aufnahme einer Teilzeitarbeit kommt ein Autorenkollektiv (in »Zur gesellschaftlichen Stellung der Frau«, Leipzig 1979) zu dem Schluß, daß sie bereits angesichts der derzeitigen objektiven Bedingungen vielfach nicht stichhaltig seien. In Zukunft würden sie wegen des kontinuierlichen Ausbaus von Kindereinrichtungen, Alten- und Pflegeheimen sowie von Dienstleistungsunternehmen weiter an Bedeutung verlieren. Das Tempo dieses Prozesses werde sowohl durch die Schaffung der dafür notwendigen materiellen Bedin-

ministerium hat Anfang dieses Jahres einen Versuch zum Job-Sharing im eigenen Haus gestartet, von dem Signalwirkungen für private Unternehmen erhofft werden. Das Modellprojekt des Ministeriums geht von folgenden Vorstellungen aus: Zwei Angestellte können sich einen Arbeitsplatz teilen, so daß jeweils einer anwesend ist. Der Wechsel kann halbtägig, täglich oder wöchentlich erfolgen (vertraglich vereinbarte Arbeitszeit 20 Stunden pro Woche). Fünf Stunden » Arbeitszeitguthaben« oder »Arbeitszeitschulden« sind auf den folgenden Monat übertragbar. Wenn einer von zwei auf demselben Arbeitsplatz beschäftigten Angestellten ausscheidet, sucht das Ministerium als Arbeitgeber einen anderen Partner. Gelingt dies innerhalb eines Monats nicht, gilt für den Verbliebenen das »Arbeitsverhältnis mit fester Arbeitszeit« weiter. Im übrigen gelten die Bestimmungen des Bundesangestelltentarifvertrages.

Die Möglichkeit einer flexibleren Gestaltung der Arbeit würde schon heute auch von vielen Männern begrüßt. Das Institut für Arbeitsmarkt- und Berufsforschung hat Vollzeitbeschäftigte nach ihren Wunschvorstellungen zur wöchentlichen Arbeitszeit (bei entsprechend niedrigerem Einkommen) befragt: 10,1 Prozent der Männer (20,6 Prozent der Frauen) sprachen sich für 30 bis 35 Wochenstunden aus, 47,3 Prozent der Männer (37,7 Prozent der Frauen) für 35 bis 40 Stunden pro Woche.

Einen Rechtsanspruch auf Teilzeitbeschäftigung wegen familiärer Pflichten hat bislang nur eine relativ kleine Bevölkerungsgruppe. Bereits seit 1969 können Beamtinnen und Richterinnen – je nach Anzahl und Alter ihrer Kinder, bzw. wenn sie im eigenen Haushalt pflegebedürftige Personen zu betreuen haben – entweder verkürzt arbeiten oder sich langfristig beurlauben lassen, ohne erworbene Ansprüche zu verlieren. 1974 wurde diese Regelung auf die männlichen Kollegen ausgedehnt.

Mutterschutz

Die gesetzliche Mutterschutzfrist beträgt sechs Wochen vor und acht Wochen (bei Mehrlingsgeburten 12) Wochen nach der Geburt. Kündigungsschutz besteht ab Beginn der Schwangerschaft bis zwei Monate nach Beendigung des Wochenurlaubs.

Seit dem 1. Juli 1979 haben berufstätige Frauen im Anschluß an den Schwangerschafts- und Wochenurlaub Anspruch auf einen viermonatigen Mutterschaftsurlaub. Für diese Zeit erhalten sie aus öffentlichen Mitteln einen pauschalen Lohnersatz bis zur Höchstgrenze von 750 DM monatlich. Dieses Geld ist steuer- und abgabenfrei, der Anspruch auf den Arbeitsplatz bleibt erhalten, die Mitgliedschaft in der gesetzlichen Renten-, Kranken- und Arbeitslosenversicherung läuft bei-

gungen als auch durch gezielte Agitation und Propaganda bestimmt:

»Die Realisierung dieser Aufgaben stellt hohe Anforderungen an die Leistung unserer Volkswirtschaft und macht es erforderlich, alle ökonomischen Reserven aufzudecken und zu mobilisieren. Eine dieser Reserven besteht in der Gewinnung der verkürzt arbeitenden Frauen für die Vollbeschäftigung, für die es zur Gewohnheit geworden ist, und die auch vollbeschäftigt sein könnten. Um sie für eine Verlängerung zu gewinnen, ist vor allem politisch-ideologische Arbeit notwendig. Die Betriebe werden auf eine planmäßige Kaderarbeit mit den Teilzeitarbeitenden orientiert.«

Vor diesem Hintergrund ist es fast überflüssig, darauf hinzuweisen, daß es in der DDR keine Diskussion über »Job-Sharing« oder ähnliche Modelle gibt. Selbstredend wird auch das sogenannte Drei-Phasen-Modell nach Myrdal/Klein (Berufstätigkeit, Unterbrechung wegen Familienpflichten, Rückkehr in den Beruf) in allen einschlägigen Publikationen abgelehnt. Damit entfallen generell auch Überlegungen, wie die Rückkehr in den Beruf erleichtert werden kann. Eine zunehmende Rolle spielt dagegen das Bestreben, Müttern, die das »Babyjahr« in Anspruch nehmen, in dieser Zeit den Kontakt zu den Betrieben zu erhalten, vor allem im Hinblick auf ihre reibungslose Wiedereingliederung in den Arbeitsprozeß.

Mutterschutz

Der Mutterschutz für berufstätige Frauen ist in den siebziger Jahren zweimal beträchtlich erweitert worden. 1972 wurde der Wochenurlaub von 8 auf 12 Wochen verlängert. Damit belief sich die bezahlte Freistellung von der Arbeit bei der Geburt eines Kindes (einschließlich des sechswöchigen Schwangerschaftsurlaubs) auf insgesamt 18 Wochen (bei Mehrlings- und besonders schweren Geburten 20 Wochen).

Die heute gültige Regelung wurde mit dem sozialpolitischen Programm vom Mai 1976 (s. dazu auch S. 83) eingeführt. Im einzelnen gelten seither folgende Bestimmungen:

»1. Ab Verkündung dieses Beschlusses wird der Schwangerschafts- und Wochenurlaub von bisher 18 Wochen auf 26 Wochen bei Zahlung des vollen Nettodurchschnittsverdienstes verlängert.

2. Werktätige Mütter haben bei der Geburt des zweiten und jedes weiteren Kindes ab Verkündung dieses Beschlusses die Möglichkeit, wenn sie ihr Kleinkind in eigener häuslicher Pflege selbst betreuen wollen, im Anschluß an den Schwangerschafts- und Wochenurlaub bis zur Vollendung des ersten Lebensjahres des Kindes bezahlte Freistellung in Anspruch zu nehmen. Für diese Zeit werden Geldleistungen in Höhe des Krankengeldes, jedoch monat-

tragslos weiter. Für Frauen, die den Mutterschaftsurlaub wahrnehmen, verlängert sich der Kündigungsschutz bis zu zwei Monaten nach Beendigung des Urlaubs.

Diese Regelung ist zwischen den Regierungsparteien und der parlamentarischen Opposition umstritten. Die CDU/CSU kritisiert die Benachteiligung der Hausfrauen und plädiert dafür, auch ihnen nach der Geburt eines Kindes sechs Monate lang ein Mutterschaftsgeld in Höhe von 500 DM zu zahlen. Zusätzlich sollten Mütter (oder auch Väter), die auf eine Erwerbsarbeit verzichten, bis zum vollendeten dritten Lebensjahr eines Kindes ein Erziehungsgeld von monatlich 400 DM erhalten. Präferieren die Oppositionsparteien im Grunde eine Entscheidung entweder für die Kindererziehung oder für die Erwerbsarbeit, so stellen SPD und FDP die Möglichkeiten für eine Vereinbarung beider Bereiche in den Vordergrund. Dementsprechend beabsichtigen sie, den Mutterschaftsurlaub zu verlängern und zum Elternurlaub auszubauen. Wahlweise soll den Eltern in den ersten drei Lebensjahren eines Kindes ein Anspruch auf Verkürzung der täglichen Arbeitszeit eingeräumt werden. Allerdings dürften sich solche Vorstellungen auf absehbare Zeit wohl kaum mit der allgemeinen Wirtschaftlage in Einklang bringen lassen. Andererseits könnte der von der Opposition favorisierte Rückzug möglichst vieler Mütter aus dem Erwerbsleben zwar eine gewisse Entlastung am Arbeitsmarkt mit sich bringen – aber nur um den Preis eines schweren Rückschlags für die Gleichberechtigung und die gesetzlich garantierte Wahlfreiheit. (Von Seiten der CDU/CSU wurden im Bundestagswahlkampf 1980 Rechnungen aufgemacht, die alle jene ansprechen dürften, die Frauen eher als »stille Reserve« am Arbeitsmarkt betrachten. So bezeichnete beispielsweise der Sozialminister von Rheinland-Pfalz, Georg Gölter, die Einführung eines Erziehungsgeldes als »eine Investition mit der Hoffnung auf eine angemessene Rendite.« Gölter ging davon aus, daß rund 200 000 Mütter daraufhin aus dem Erwerbsleben ausscheiden würden. Die dadurch freiwerdenden Arbeitsplätze könnten Einsparungen an Arbeitslosenunterstützung in Höhe von 1,3 bis 1,9 Milliarden Mark erbringen).

Zur Zeit nehmen rund 95 Prozent der Berechtigten den Mutterschaftsurlaub wahr. Nach Ablauf geben etwa 51 Prozent der Mütter ihre Erwerbsarbeit – zumindest vorläufig – auf (Umfrage bei 700 Betriebskrankenkassen 1980).

Freistellung
zur Pflege erkrankter Kinder

Die gesetzliche Krankenversicherung gewährt einem Versicherten (Mutter oder Vater) für je fünf Tage im Jahr Krankengeld, wenn er zur Pflege eines kranken Kindes unter

Vereinbarkeit von Beruf und Familie

lich bei zwei Kindern mindestens 300 Mark und bei drei und mehr Kindern mindestens 350 Mark gezahlt.

Mütter, die infolge der Geburt eines Kindes ihre Berufstätigkeit unterbrechen mußten, weil ihnen kein Krippenplatz bis zum dritten Lebensjahr des Kindes zur Verfügung gestellt werden konnte, und die in diesem Zeitraum ein weiteres Kind zur Welt bringen, haben die Möglichkeit, einen Zuschuß in Höhe von monatlich 200 Mark zu beantragen.

Mütter, die teilbeschäftigt waren, erhalten diese Beträge anteilig.«

Rund 90 Prozent aller Mütter, die seither ein zweites oder weiteres Kind zur Welt brachten, machten von der Möglichkeit des bezahlten Babyjahres Gebrauch. Beim ersten Kind blieb die vorher gültige Regelung erhalten: Anspruch auf ein Jahr *unbezahlten* Urlaub bei Garantie des Arbeitsplatzes und beitragsloser Fortdauer der Sozialversicherung. Mütter können auch über das erste Lebensjahr eines Kindes hinaus bis zur Bereitstellung eines Krippenplatzes von der Arbeit freigestellt werden (ohne Bezahlung, zur Sonderregelung für Alleinstehende s. S. 89), längstens jedoch bis zum Ende des dritten Lebensjahres des Kindes. Voraussetzung ist, daß die betreffende Mutter sich ohne Erfolg um einen Krippenplatz bemüht hat.

Bei der bezahlten und unbezahlten Freistellung von der Arbeit bleibt die Betriebszugehörigkeit erhalten. Die Mütter haben Anspruch auf soziale Betreuung durch den Betrieb (z. B. Einladung zu Veranstaltungen des Betriebes, Hausbesuche von Kollegen, regelmäßige Information über die Entwicklung des Betriebes usw.). Nach Ablauf der Freistellung *muß* die betreffende Mutter weiterbeschäftigt werden, sofern sie es wünscht. Möchte sie die Arbeit *vor* Ablauf der vorgesehenen Freistellungszeit wiederaufnehmen, muß der Betrieb die Weiterbeschäftigung innerhalb von zwei Wochen gewährleisten.

Während der Schwangerschaft gelten besondere Arbeitsschutzbestimmungen (Verbot von Nacht- und Überstundenarbeit usw.). Schwangere, Mütter während der Zeit der Freistellung nach dem Wochenurlaub und Mütter mit Kindern bis zu einem Jahr unterliegen einem besonderen Kündigungsschutz (§§ 58, 59 Arbeitsgesetzbuch).

Freistellung
zur Pflege erkrankter Kinder

Mutter oder Vater sind von der Arbeit freizustellen, wenn es zur Pflege eines erkrankten Kindes erforderlich ist (ärztliche Bescheinigung). Anspruch auf finanzielle Zuwendungen (Lohnfortzahlung bzw. Krankengeld) haben in der Regel nur Alleinstehende (s. S. 89). Das Bestreben, den Verdienstausfall

Vereinbarkeit von Beruf und Familie

acht Jahren der Arbeit fernbleiben muß und dadurch einen Verdienstausfall hat. Voraussetzung ist, daß keine andere im Haushalt lebende Person die Pflege übernehmen kann. Die Versicherten müssen unbezahlt von der Arbeit freigestellt werden, wenn sie nicht (wie in einer Reihe von Tarifverträgen vorgesehen) ein Anrecht auf eine Ausgleichsleistung haben. Die Freistellung wird inzwischen zu etwa zehn Prozent von Vätern in Anspruch genommen.

Hilfen für Alleinstehende

Im April 1980 gab es in der Bundesrepublik rund 870 000 Alleinstehende mit 1,298 Millionen Kindern – sogenannte Einelternfamilien (unter ihnen 141 000 alleinerziehende Väter mit 201 000 Kindern).

Im Verhältnis zur »Standardfamilie« (Vater, Mutter, zwei Kinder) hat die Einelternfamilie einen bedeutend niedrigeren Einkommensstatus. Finanziell am schlechtesten gestellt sind ledige Mütter. Von insgesamt 193 000 Familien, die 1977 Hilfe zum Lebensunterhalt (Sozialhilfe) bezogen, waren 71 Prozent Einelternfamilien. (Anspruch auf Sozialhilfe besteht auch dann, wenn eine alleinstehende Mutter [Vater] ein Kleinkind selbst betreuen will und deshalb nicht erwerbstätig ist.) Nach einer Repräsentativerhebung des Bielefelder Emnid-Instituts von 1978 erhalten nur sechs von zehn alleinstehenden Müttern (ohne Witwen) regelmäßig und in voller Höhe den ihnen zustehenden Unterhalt für ihre Kinder. Seit dem 1. Januar 1980 wird für Kinder unter sechs Jahren Unterhalt bis zu einer Höhe von 163 DM monatlich aus öffentlichen Mitteln gezahlt (maximal drei Jahre lang), wenn der unterhaltspflichtige Elternteil nicht zahlen will oder kann oder nicht auffindbar ist.

Der Verband alleinstehender Mütter und Väter (VAMV), eine 1967 gegründete Selbsthilfeorganisation, sieht erschwerte Lebensbedingungen für Alleinerziehende einmal durch Vorurteile und Diskriminierung (z.B. bei der Wohnungssuche, bei Behörden usw.) gegeben. Außerdem werden Gesetzesänderungen vor allem im Sozial-, Steuer- und Arbeitsrecht gefordert.

Die Enquête-Kommission Frau und Gesellschaft hat dem Deutschen Bundestag 1980 folgende Maßnahmen empfohlen:

– alleinerziehenden Müttern und Vätern einen verlängerten Elternurlaub zu gewähren;
– die Leistungen der Unterhaltsvorschußkassen zu erweitern;
– die steuerliche Behandlung Alleinerziehender neu zu regeln.

Vereinbarkeit von Beruf und Familie

möglichst gering zu halten, trägt deshalb entscheidend dazu bei, daß meistens die Mütter die Pflege übernehmen. Es ist auch bekannt, daß viele Betriebe Schwierigkeiten machen, wenn Männer dieses Recht wahrnehmen wollen.

Hilfen für Alleinstehende

Alleinstehende Elternteile – in der Regel Mütter (von alleinstehenden Vätern ist in der Literatur nur am Rande die Rede) – haben Anspruch auf verschiedene Sonderleistungen, die ihnen die Vereinbarung von Familienpflichten und (möglichst) Vollbeschäftigung erleichtern sollen. So steht ihnen seit 1967 zur Pflege ihrer erkrankten Kinder eine bezahlte Freistellung von der Arbeit zu – zwischen vier und 13 Wochen pro Jahr nach Anzahl der Kinder. Die Zahlung des Krankengeldes (je nach Anzahl der Kinder zwischen 65 und 90 Prozent des Nettodurchschnittsverdienstes) erfolgt vom 3. Tag der Freistellung an; für die beiden ersten Tage wird ein Lohnausgleich in Höhe des Durchschnittsverdienstes gezahlt.

Die für vollbeschäftigte Mütter geltenden Bestimmungen über Arbeitszeit und Urlaub (vgl. S. 83) werden auch auf vollbeschäftigte alleinstehende Väter angewendet, »wenn es die Betreuung des Kindes bzw. der Kinder erfordert«. Die Entscheidung trifft der Betriebsleiter mit Zustimmung der zuständigen betrieblichen Gewerkschaftsleitung.

Als Teil der sozialpolitischen Maßnahmen vom April 1972 wurde außerdem folgende Regelung eingeführt:

»Alleinstehende vollbeschäftigte Mütter, denen kein Kinderkrippenplatz zur Verfügung gestellt werden kann und die deshalb die Berufstätigkeit vorübergehend unterbrechen müssen, erhalten für die Dauer der Unterbrechung eine monatliche Unterstützung in Höhe des gesetzlichen Krankengeldes (nach Wegfall des Lohnausgleichs), mindestens jedoch mit einem Kind 250 Mark, mit zwei Kindern 300 Mark, mit drei und mehr Kindern 350 Mark. Teilbeschäftigte Mütter erhalten diese Mindestbeträge anteilig.«

Alleinstehende mit Kindern bis zu drei Jahren unterliegen einem besonderen Kündigungsschutz.

Außerfamiliäre Kinderbetreuung

Kinderkrippen
(und andere Betreuungsformen)
In der Bundesrepublik leben über
500 000 teilzeit- oder vollbeschäftigte Mütter mit mindestens einem
Kind unter drei Jahren. Doch standen 1979 insgesamt nur 26 772 Plätze in Kinderkrippen zur Verfügung.
Selbst wenn man die außerhäusliche
Betreuung von Kleinkindern nur für
eine Notlösung hält (wie es bei den
Parteien durchgängig der Fall zu
sein scheint), darf zumindest nicht
außer acht gelassen werden, daß viele (insbesondere alleinstehende)
Mütter aus finanziellen Gründen *arbeiten müssen*.
Eine Repräsentativbefragung des
Bundesministeriums für Jugend, Familie und Gesundheit ergab 1975,
daß mehr als zwei Drittel aller erwerbstätigen Mütter mit Kindern bis
zu drei Jahren überwiegend aus
(mehr oder weniger großer) ökono-
mischer Notwendigkeit arbeiten.
Entsprechend hoch ist der Anteil
derjenigen, die ihre Beschäftigung
unterbrechen möchten, falls ihnen
drei Jahre lang ein angemessenes
staatliches Erziehungsgeld gezahlt
würde. 63 Prozent der befragten
Mütter sprachen sich spontan für
eine solche Lösung aus, 15 Prozent
waren dagegen, 22 Prozent konnten
sich nicht auf Anhieb entscheiden.
Mit durchschnittlich 74 Prozent war
die Befürwortung bei den besonders
belasteten alleinstehenden (geschiedenen, verwitweten, ledigen) Müttern noch eindeutiger. Der Familienstand bzw. die damit verbundene finanzielle Situation (Einkommen des Ehemanns, Renten oder
Unterhaltszahlungen) wirken sich
auch auf die Vorstellungen von einer »angemessenen« Höhe des Erziehungsgeldes aus. Im Durchschnitt forderten Verheiratete 550
bis 600 DM, Verwitwete 600 bis 650
DM, Geschiedene 650 bis 700 DM,
Ledige 700 bis 750 DM. Zusätzlich
erwarten 59 Prozent aller Befragten
eine rentenrechtliche Anerkennung, 45 Prozent die Übernahme
der Krankenversicherung, 38 Prozent eine beitragsfreie Arbeitslosenversicherung, 16 bzw. 18 Prozent die
Weiterbeschäftigung im gleichen
Betrieb bzw. am gleichen Arbeitsplatz. Mit anderen Worten: Um von
der Mehrheit der Zielgruppe angenommen zu werden, müßten Erziehungsgeld und flankierende Maßnahmen in etwa den Leistungen des
viermonatigen Mutterschaftsurlaubs entsprechen (vgl. S. 84). Man
braucht kein Haushaltsexperte zu
sein, um solche Vorstellungen auf
lange Frist für absolut illusorisch zu
halten.
Im übrigen geht die Befürwortung
eines Erziehungsgeldes deutlich zurück, wenn wahlweise andere Hilfen
angeboten werden. Auf die Frage,
welche möglichen Maßnahmen sie
für am ehesten geeignet hielten, ihre
derzeitige Situation zu erleichtern,
antworteten die Mütter wie folgt:

Vereinbarkeit von Beruf und Familie

Außerfamiliäre Kinderbetreuung

Kinderkrippen

Der »Kampf« um die Frau als volle Arbeitskraft wurde und wird in der DDR sozusagen an zwei Fronten geführt. Wirksame Entlastung von häuslichen Aufgaben auf der einen, verstärkte politisch-ideologische Indoktrination auf der anderen Seite. Innerhalb der Zielgruppe wird Müttern von Kleinstkindern prinzipiell keine Sonderstellung eingeräumt. Offiziell gilt vielmehr die These, bei kontinuierlicher Kapazitätssteigerung der Kinderkrippen (für Kinder bis zu drei Jahren) seien auch jene voll in den Produktionsprozeß zu integrieren. Ergänzend findet sich zuweilen ein Hinweis auf die gestiegene Qualität der Krippenerziehung. Solche verklausulierten Eingeständnisse zumindest zeitweiliger Unzulänglichkeiten legen immerhin die Vermutung nahe, daß man bei dem Bestreben, möglichst viele Mütter als Arbeitskräfte zu gewinnen, das Wohl ihrer Kinder nicht immer hinlänglich berücksichtigt hat.

Die Bestimmungsfaktoren der frühkindlichen Sozialisation werden nicht nur in den westlichen Industriestaaten, sondern auch in den meisten Ländern des Ostblocks seit Jahren eingehend erforscht. Die DDR macht da keine Ausnahme. Ein wesentlicher Unterschied zeigt sich erst hinsichtlich der Bereitschaft, wissenschaftliche Erkenntnisse offen zu diskutieren und – falls erforderlich – daraus auch praktische Konsequenzen zu ziehen. Während beispielsweise in der Tschechoslowakei – bei ähnlich hohem Anteil weiblicher Arbeitskräfte – die einseitige Propagierung herkömmlicher Krippen zugunsten mehrerer Alternativen aufgegeben wurde, blieb in der DDR die rigorose Haltung der beginnenden sechziger Jahre bis 1976 ohne nennenswerte Korrektur. Die Auseinandersetzung mit gegenläufigen Ansichten begann ungemein polemisch, setzte sich dann auf Jahre hinaus weitgehend außerhalb allgemein zugänglicher Publikationen fort und gilt heute – aufgrund neuer Daten – als abgeschlossen.

Daß den Krippen ein deutliches Mißtrauen entgegengebracht wurde, zeigte sich in mehreren Untersuchungen. So äußerten 1968 nach ihren Lebensplänen befragte junge Facharbeiterinnen und weibliche Lehrlinge zu 64 Prozent die Absicht, ihre Berufstätigkeit vorübergehend zu unterbrechen, um sich der Betreuung ihrer Kleinkinder zu widmen. Die Diplom-Psychologin Ursula Siegel bescheinigte ihnen (in der Zeitschrift »Arbeit und Arbeitsrecht«) ein hohes Verantwortungsgefühl gegenüber ihren Familien und erklärte, von wissenschaftlicher Seite seien bereits(!) Erwägungen angestellt worden, »ob sich nicht auch gesellschaftliche Vorteile ergeben, wenn Mütter die Betreuung ihrer Kleinst- und Kleinkinder selbst

Gewährung von
Erziehungsgeld   33 Prozent
Schaffung von mehr
Halbtagsarbeitsplätzen   33 Prozent
Ausbau von Tages-
(Halbtags-)pflegestellen 28 Prozent
Ausbau von
Kinderkrippen   20 Prozent
Ausbau von Säuglings-
und Kinderheimen   6 Prozent
Diese Angaben lassen eine erhebliche Unzufriedenheit mit der gegebenen Situation erkennen. 18 Prozent der befragten Mütter betreuen ihre Kleinkinder selbst (das bedeutet in der Regel Heimarbeit bzw. eine abends oder nachts ausgeübte außerhäusliche Erwerbstätigkeit). Ansonsten überwiegen innerfamiliäre Betreuungsformen (Großeltern, andere erwachsene Verwandte, ältere Geschwister) mit 56 Prozent. Öffentliche Einrichtungen spielen nur eine marginale Rolle (Kinderheime weniger als ein Prozent, Krippen rund ein Prozent). Der Rest entfällt auf private Regelungen (Hausangestellte, Kinderpflegerin, Tagespflegestellen, Nachbarn, Bekannte). Die durchschnittlichen Kosten liegen zwischen 180 und 200 DM im Monat – ein Betrag, der vor allem für alleinstehende Frauen eine große Belastung bedeutet. 30 Prozent der befragten Mütter wünschen denn auch eine kostenlose Betreuung.
Die wissenschaftliche Diskussion um die Berufstätigkeit von Müttern kleiner Kinder verläuft weiterhin kontrovers. Strikter Ablehnung wechselnder Bezugspersonen stehen positive Erfahrungen mit neuen Formen außerhäuslicher Betreuung gegenüber. Kleine, gut geführte Kindergruppen können sowohl in privatem Rahmen als auch in Krippen durchaus eine sinnvolle Ergänzung der Familienerziehung darstellen. Das Zusammensein mit Gleichaltrigen fördert vor allem die Kontaktfähigkeit.
Am bekanntesten wurde das Modellprojekt »Tagesmütter«, in Zusammenarbeit zwischen dem Bundesministerium für Jugend, Familie und Gesundheit, den Bundesländern und dem Deutschen Jugendinstitut entwickelt und zwischen 1975 und 1978 erprobt. Tagesmütter – in der Regel junge Frauen mit ein bis zwei eigenen Kindern – betreuten in ihren Wohnungen zusätzlich ein bis höchstens drei fremde Kinder berufstätiger Eltern, wobei sozial schwache Familien vorrangig berücksichtigt wurden. Neben regelmäßiger Teilnahme an einer vorbereitenden und die Praxis begleitenden Kurzausbildung verpflichteten sich die Tagesmütter zur Zusammenarbeit sowohl mit den Eltern als auch mit Fachberatern sowie zur aktiven Unterstützung der wissenschaftlichen Begleituntersuchung. Das nach der Zahl der betreuten Kinder gestaffelte Entgelt wurde voll aus Bundesmitteln finanziert.
Das Ergebnis war eindeutig positiv. Befürchtungen, die wechselnde Be-

übernehmen«. Allerdings ständen dem ökonomisch bestimmte Überlegungen entgegen. Auch ergäben sich Nachteile für die Persönlichkeitsentwicklung, wenn die Berufsarbeit gerade in jungen Jahren unterbrochen werde.

Von den erwähnten »Erwägungen« war in den Jahren danach nicht mehr die Rede, um so mehr dafür von dem ökonomischen und ideologischen Gebot möglichst ununterbrochener Vollbeschäftigung. In diesem Zusammenhang wurde immer wieder versucht, Skepsis gegenüber den Krippen abzubauen. So erklärte beispielsweise Anneliese Sälzer (Direktor des Instituts für Hygiene des Kindes- und Jugendalters) zum Auftakt des DFD-Bundeskongresses im Februar 1975 in einem Interview, vielfältige Untersuchungen hätten ergeben, daß die Berufstätigkeit der Mütter die Entwicklung ihrer Kinder in keiner Weise beeinträchtige. Krippenkinder zeigten körperlich keine Abweichungen gegenüber Familienkindern. »Geistige Unterschiede« seien »infolge der modernen Erziehungspläne« ebenfalls überwunden worden. Auf der V. Forschungstagung des Projekts »Gesundheitsschutz im Kindes- und Jugendalter« war einen Monat zuvor mit Bezug auf die gleichen Zahlen zwar auch festgestellt worden, daß die Krippenkinder körperlich und geistig im allgemeinen gut entwickelt seien. Gleichzeitig wurde aber auf »Abweichungen vom Durchschnitt« hingewiesen. Der veröffentlichte kurze Tagungsbericht geht zu wenig ins Detail, um präzise Schlußfolgerungen zu erlauben. Als gesichert kann lediglich gelten, daß zumindest gegenüber den Wochenkrippen (durchgehende Betreuung der Kinder von montags bis freitags) Vorbehalte weiterhin angebracht sind. Die Untersuchungen haben nämlich ergeben, daß die dort untergebrachten Kinder »gegenüber Tageskrippenkindern auf einigen Gebieten, so z. B. der Sprachentwicklung, ungünstigere Ergebnisse aufwiesen. Der Unterschied ist im zweiten Lebensjahr besonders deutlich.« Da Familienkinder offensichtlich nicht in das Projekt einbezogen waren, fehlt insofern eine unter Umständen aufschlußreiche Vergleichsmöglichkeit.

Zusammenfassend ist festzustellen, daß sich die Diskussion über die frühkindliche Sozialisation im Lauf der Jahre eindeutig versachlicht hat. Von einer Überlegenheit der Krippe gegenüber der Familie spricht inzwischen niemand mehr. Vielmehr hat sich der offiziell der Familienerziehung eingeräumte Stellenwert im Lauf der letzten zehn Jahre erhöht (vgl. S. 9), und im Zusammenhang mit der Krippenerziehung ist heute allgemein von der Notwendigkeit zusätzlicher intensiver Zuwendung der Eltern die Rede.

Die Zahl der Krippen und Heime für Kleinkinder ist in der DDR von

treuung könnte für die Kinder schädlich sein, bestätigten sich nicht. Das Projekt wurde zwar nicht fortgesetzt, doch in der ganzen Bundesrepublik haben sich in den letzten Jahren Initiativgruppen gebildet, die – zum Teil mit öffentlicher Unterstützung – neue Betreuungsformen für Kleinkinder entwickeln. Die vorliegenden Erfahrungsberichte erlauben den Schluß, daß es hier nicht um »Notlösungen« geht. Das tägliche Zusammensein in kleinen, von Erziehern und Eltern geführten Gruppen wirkt sich vielmehr außerordentlich günstig auf die Entwicklung von Babys und Kleinkindern aus (vgl. dazu Lottemi Doormann, Babys wachsen gemeinsam auf; Rieke Müller-Kaldenberg, Mütter im Beruf; in diesen Büchern finden sich auch viele praktische Hinweise, Adressen von Initiativen, Dachverbänden usw.). Allerdings können solche privaten Einrichtungen nur dann erfolgreich arbeiten, wenn die Eltern zur Mitwirkung fähig und bereit sind. Außerdem entstehen in den meisten Fällen – auch bei staatlicher Anerkennung und Förderung –

relativ hohe Kosten. Zusätzlich ist deshalb ein (quantitativ und qualitativ) besseres Angebot an öffentlichen Einrichtungen und Tagespflegestellen erforderlich.

Seit dem 1. Januar 1980 können Kosten für die Beaufsichtigung oder Betreuung von Kindern (z. B. Kindergarten, Tagesmutter) beim Steuerausgleich als außergewöhnliche Belastung abgesetzt werden. Die Abzugsquote, die für Kinderbetreuungskosten in Anspruch genommen werden kann, beträgt für jeden steuerpflichtigen Ehegatten bzw. Alleinerziehenden bis zu 600 DM im Jahr, bei zusammen veranlagten Ehegatten bis zu 1200 DM jährlich. Werden Betreuungskosten bis zu 300 DM (falls der Höchstbetrag 600 DM ausmacht) bzw. bis zu 600 DM (bei einem zulässigen Höchstbetrag von 1200 DM) geltend gemacht, sehen die Finanzämter in der Regel von einer Nachprüfung ab. Darüber hinausgehende Kosten werden anerkannt, wenn die gesamten Aufwendungen durch Belege nachgewiesen oder glaubhaft gemacht werden.

Vereinbarkeit von Beruf und Familie

293 im Jahre 1950 auf 6415 im Jahre 1980 angewachsen, der Versorgungsgrad stieg von rund acht Prozent auf über 60 Prozent. Die meisten Plätze (1977 87,5 Prozent) wurden in Tageskrippen konzentriert. Der Neubau eines Krippenplatzes wird mit Kosten von rund 10 000 Mark beziffert, für den Unterhalt gibt der Staat jährlich etwa 3600 Mark je Platz aus. Die Eltern tragen nur einen geringen Teil der Verpflegungskosten, und zwar je nach Einkommen zwischen 0,80 und 1,40 Mark pro Tag. Vorwiegend werden kombinierte Einrichtungen gebaut (Krippe und Kindergarten), in denen jeweils etwa 90 Kinder bis zu drei Jahren und etwa 180 Kinder zwischen drei und sechs Jahren betreut werden. Die Öffnungszeiten – 6.00 Uhr bis 19.00 Uhr – sind gesetzlich vorgeschrieben.

Obwohl sich bezüglich des Gesundheitszustandes (insbesondere im Hinblick auf Infektionskrankheiten) von Krippenkindern eine insgesamt positive Entwicklung abzeichnet, sehen Fachleute hier noch Probleme, besonders auch unter *volkswirtschaftlichen* Gesichtspunkten: »Die Krankheitsstruktur weist aus, daß etwa zwei Drittel aller Erkrankungsfälle das Atmungssystem und die Ohren betreffen. Erkrankungen also, die zur Zeit einer Impfprophylaxe noch nicht zugänglich sind, deretwegen aber im Durchschnitt jedes Krippenkind etwa zweimal im Jahr nicht in die Krippe gehen kann. Es muß zu Hause oder im Krankenhaus gepflegt werden, seine Mutter oder sein Vater kann nicht zur Arbeit gehen. Deshalb muß dieses sowohl medizinisch als auch pädagogisch und ökonomisch so wichtige Problem konsequent gelöst werden. Fehlt ein Kind in der Krippe, so können ihm während seiner Abwesenheit Kenntnisse, die andere Kinder in der Zeit erwerben, nicht vermittelt werden. Es hat nach seiner Rückkehr Schwierigkeiten, sich wieder an die Umgebung, an die Kinder zu gewöhnen. Der Volkswirtschaft fehlen Arbeitskräfte, weil Mütter oder Väter die Pflege des erkrankten Kindes übernommen haben. *Gleichzeitig wird der kontinuierliche Arbeits- und Lernprozeß der Mütter, die ja zu mehr als 90 Prozent die Pflege des erkrankten Kindes übernehmen, unterbrochen.*« (Aus »Zur gesellschaftlichen Stellung der Frau in der DDR«, Leipzig 1979. Hervorhebung G. H.).

Kindergärten

Für rund 75 Prozent der Drei- bis Sechsjährigen stehen Plätze in kommunalen und konfessionellen Kindergärten zur Verfügung. Das Angebot ist regional allerdings recht unterschiedlich (1978: Baden-Württemberg 98, Niedersachsen 46, Schleswig-Holstein 38 Prozent). Schlecht versorgt sind vor allem ländliche Gebiete, Ballungszentren und soziale Brennpunkte. Außerdem entsprechen die Einrichtungen vielfach nicht den Bedürfnissen berufstätiger Eltern. Ein großer Teil ist nur halbtags oder nur in den Schulmonaten geöffnet, in anderen müssen die Kinder über Mittag nach Hause geholt werden. An Tagesstätten besteht ein erhebliches Defizit. Die öffentliche Förderung ist überdies in fast allen Bundesländern so stark eingeschränkt worden, daß die Eltern erhebliche Beiträge aufzubringen haben (bis zu mehreren hundert DM im Monat). Wie bei den Kleinkindern gibt es auch für diese Gruppe zahlreiche Privatinitiativen (Tagesstätten, Kinderläden usw.), in denen Eltern und Erzieher Hand in Hand arbeiten. Ihnen geht es in der Regel auch um ein eigenständiges Erziehungskonzept.

Viele große Firmen unterhalten Betriebskindergärten.

Schulhorte

Im Unterschied zu den meisten anderen westeuropäischen Ländern findet der Schulunterricht in der Bundesrepublik nur vormittags statt. Von den Eltern wird erwartet, daß sie die Hausaufgaben beaufsichtigen und kontrollieren und sich darüber hinaus als Nachhilfelehrer betätigen: »Zu den im Haushalt üblichen Arbeiten gehört auch die Beaufsichtigung der Kinder. Hierzu rechnet nicht nur die Aufgabe, darauf zu achten, daß die Kinder ihre häuslichen Schulaufgaben überhaupt erledigen, sondern auch, ihnen dabei zu helfen, insbesondere für die Beantwortung von Fragen zur Verfügung zu stehen. Das gilt besonders, wenn, wie heutzutage, die Qualität des Schulabschlusses für die berufliche Zukunft des Kindes von besonderem Gewicht ist und wenn, was Schulen und Lehrer allgemein erwarten, die Eltern durch ihre häusliche Mitarbeit zum schulischen Erfolg beitragen sollen.« (Aus einem Urteil des Bundesfinanzhofes von 1978)

Probleme ergeben sich nicht nur dann, wenn Vater und Mutter berufstätig sind. Viele – vor allem auch ausländische – Eltern sind gar nicht in der Lage, ihren Kindern sinnvoll zu helfen. Die Forderung, verstärkt Ganztagsschulen einzurichten, orientiert sich deshalb nicht nur an den Bedürfnissen der Eltern, sondern zielt darüber hinaus auf mehr Chancengleichheit für die Schüler ab. Die bestehenden Schulhorte mit insgesamt 100 000 Plätzen können dieser Forderung gar nicht gerecht werden. Solange für 100 Grund-

Vereinbarkeit von Beruf und Familie

Kindergärten

Die Krippen wurden hier deshalb relativ ausführlich behandelt, weil die außerhäusliche Unterbringung von Kleinstkindern wissenschaftlich umstritten ist und Alternativen in der DDR nicht gefördert werden. Offizielle bzw. offiziöse Verlautbarungen legen vielmehr den Verdacht nahe, daß die Diskussion über die frühkindliche Entwicklung stark von ökonomischen Interessen (an der Arbeitskraft der Mütter) bestimmt ist. Das wird auch in der Bevölkerung vielfach so gesehen. In persönlichen Gesprächen gewinnt man jedenfalls den Eindruck, daß Vorbehalte gegen Krippen ziemlich weit verbreitet sind und sie als eine Art »Notlösung« gelten.

Bei den Kindergärten für die 3- bis 6jährigen ist die Situation anders. Sie haben Tradition und werden zunehmend als fester Bestandteil des Erziehungssystems angenommen. Allerdings dürfte es vielen Eltern Unbehagen bereiten, daß die Ausrichtung auf die »sozialistische Persönlichkeit« bereits in den Lehr- und Spielplänen der Kindergärten eine ausschlaggebende Rolle spielt. Doch dies ist ein Thema, das in diesem Zusammenhang nicht weiter erörtert werden kann.

In den Kindergärten (wie die Krippen entweder betriebliche oder kommunale Einrichtungen und wie diese in der Regel von 6.00 Uhr bis 19.00 Uhr geöffnet) standen 1980 für 92 Prozent aller Kinder entsprechenden Alters Plätze zur Verfügung. Die Betreuung ist kostenlos, die Eltern zahlen lediglich für das Mittagessen einen Anteil von 0,25 Mark.

Schulhorte

Ganztagsschulen bzw. Internate gibt es in der DDR so wenige, daß man sie im Rahmen dieser Übersicht vernachlässigen kann. Für knapp 75 Prozent aller Schüler der Klassen 1 bis 4 standen dagegen 1980 Plätze in Schulhorten zur Verfügung, die wie die Vorschuleinrichtungen im allgemeinen von 6.00 Uhr bis 19.00 Uhr geöffnet sind. Die Kinder können dort unter Aufsicht und Anleitung von Lehrern und Erziehern ihre Hausaufgaben machen, und außerdem sollen ihnen »viele Möglichkeiten einer sinnvollen Freizeitgestaltung« angeboten werden. Bemängelt wird in vielen Fällen von Kindern und Eltern, daß der Aufenthalt im Hort zu sehr reglementiert wird und wenig Raum für Liebhabereien, für spontane Äußerungen und Vorhaben läßt. Mit zunehmendem Alter, das hat man in Umfragen festgestellt, gehen die Schüler immer weniger gern in den Hort. Als besonderes Problem sind in diesem Zusammenhang die frühen Anfangszeiten der meisten Betriebe und Dienststellen in der DDR anzusehen. In der Ostberliner »Lehrerzeitung« wurde 1980 über die Konzentrationsschwierigkeiten vieler Erstkläßler geklagt und gleichzeitig

schüler durchschnittlich kaum mehr als zwei Plätze zur Verfügung stehen, werden praktisch nur »Notfälle« aufgenommen – Kinder aus zerrütteten Familien, asozialem Milieu usw. Die meisten von ihnen weisen schwere Verhaltensstörungen auf, und es kann deshalb nicht verwundern, wenn die Horterzieher mit dieser Situation absolut überfordert sind.

Manche Schulen bieten aus eigener Initiative Hilfen an: Förderkurse, Hausaufgabenbeaufsichtigung usw. am Nachmittag. Viele Eltern greifen zur Selbsthilfe und schaffen private – unter Umständen öffentlich geförderte – Einrichtungen. Außerdem haben clevere Geschäftsleute hier eine Marktlücke entdeckt: Für viel Geld organisieren sie Hausaufgabenüberwachung und Nachhilfe.

Innerfamiliäre Partnerschaft

Das Hamburger Sample-Institut fragte 1972 in einer Repräsentativerhebung nach der Arbeitsteilung im Haushalt: 36 Prozent der Ehemänner gaben damals an, »ab und zu«, 34 Prozent »bei bestimmten Tätigkeiten« zu helfen. Eine partnerschaftliche Teilung der häuslichen Aufgaben sahen 25 Prozent der jüngeren erwerbstätigen Ehefrauen (25 bis 34 Jahre) verwirklicht, während diese Quote bei den älteren unter 15 Prozent sank. Befragungen anderer Institute ergaben ähnliche Resultate. In jungen Familien, insbesondere bei Partnern mit guter Ausbildung, hält der Trend zur häuslichen Aufgabenteilung an. Aber auch in der Gesamtbevölkerung haben sich die Einstellungen zwischen Anfang der sechziger Jahre und Ende der siebziger Jahre deutlich gewandelt. Bezeichneten 1964 nur 25 Prozent der männlichen und 28 Prozent der weiblichen Interviewpartner die Berufstätigkeit von Ehefrauen als »normal«, so waren es 1975 immerhin 58 bzw. 65 Prozent (infas-Untersuchungen). Dementsprechend sank auch der Anteil derjenigen Frauen, die »am liebsten nur ihren Haushalt besorgen« möchten, zwischen 1961 und 1973 von 57 auf 29 Prozent (Jahrbuch der öffentlichen Meinung 1968 bis 1973).

Bei der Klage darüber, daß nur ein kleiner Teil der Ehemänner sich für den Haushalt mitverantwortlich fühlt, wird häufig übersehen, daß viele Frauen das noch vor nicht allzu langer Zeit gar nicht wollten. 1960 und 1970 stellte das Allensbacher Institut für Meinungsforschung jeweils die Frage: »Wenn Sie von einer Familie hören, wo der Mann manchmal abwäscht: Würden Sie sagen, das gefällt Ihnen oder das gefällt Ihnen nicht?« »Gefällt mir nicht« antworteten 1960 immerhin 33 Prozent der Ehefrauen (1970: 10 Prozent), 10 Prozent (1970: 6 Prozent) waren unentschieden.

Die Bereitschaft zu einer fairen Aufgabenteilung setzt bei beiden Partnern ein Umdenken voraus, beide müssen sich von tradierten Rollen-

Vereinbarkeit von Beruf und Familie

darauf aufmerksam gemacht, daß in manchen Klassen rund 30 Prozent aller Kinder morgens bereits um 6.00 Uhr in den Hort kommen und dort auf den Schulanfang warten. Erst zwischen 16.00 und 17.00 Uhr gehen diese Kinder dann nach Hause. Daß sie mit einem solchen Tagesablauf völlig überfordert sind, braucht nicht weiter erörtert zu werden.

Entsprechende überlange Verweilzeiten mit abträglichen Folgen für die Kinder spielen natürlich in den Vorschuleinrichtungen die gleiche Rolle. Es ist eher die Regel als die Ausnahme, daß die Kinder morgens vor 7.00 Uhr gebracht und erst nach rund zehn Stunden wieder abgeholt werden. Die Arbeitszeitverkürzungen für Mütter mehrerer Kinder (vgl. S. 83) haben da keine nennenswerte Änderung gebracht, vor allem auch deshalb nicht, weil die Verkehrsverbindungen selbst in den Großstädten vielfach recht ungünstig sind.

Innerfamiliäre Partnerschaft

1965 hat das Leipziger Institut für Marktforschung zum erstenmal ermittelt, welchen durchschnittlichen Zeitaufwand die Versorgung eines Vierpersonenhaushalts erfordert. Resultat: insgesamt 47,5 Wochenstunden, von denen die Frauen 37,7 (79,4 Prozent), die Männer 5,5 (11.6 Prozent) und »sonstige Personen« (in der Regel die Kinder) 4,3 (9,0 Prozent) leisten.

Aufgrund der offensichtlich unbefriedigenden Ergebnisse wurden in den Fünfjahrplan für 1966 bis 1970 eine Reihe von Maßnahmen aufgenommen, die die Hausarbeit verringern sollten, u. a.:
- die quantitative und qualitative Verbesserung von Schulspeisung und Kantinenessen;
- die Erweiterung des Dienstleistungsnetzes;
- die beschleunigte Produktion moderner Haushaltsgeräte;
- der Ausbau von Krippen, Kindergärten und Schulhorten.

Trotz günstiger Planabrechnung (z. B. erhöhte sich bei der Schulspeisung der Anteil der Teilnehmer von 26 auf 47,2 Prozent, beim Kantinenessen von 35 auf 55 Prozent) nahm die Hausarbeit 1970 durchschnittlich nicht einmal eine halbe Stunde weniger in Anspruch als 1965: 47,1 statt 47,5 Stunden. Davon entfielen auf die Frauen 37,1 (78,7 Prozent), auf die Männer 6,1 (13,0 Prozent), auf »sonstige Personen« 3,9 (8,3 Prozent) Stunden.

Inge Lange, Sekretär für Frauenfragen im Zentralkomitee der SED, machte dafür in einer ausführlichen Analyse hauptsächlich zwei Ursachen verantwortlich:
1. die falsche »Grundeinstellung« der Frauen, die zu einer unnötigen Ausdehnung der Hausarbeit führe;
2. höhere Ansprüche an Speisenzubereitung, Wohnkomfort, Hygiene usw.

bildern frei machen. Als entscheidendes Hemmnis wirkt sich hier die noch weitverbreitete geschlechtsspezifische Erziehung aus. Wer als Mädchen von klein auf gelernt hat, daß ein gut geführter Haushalt maßgeblich das »Prestige« der Ehefrau bestimmt, muß bei einer Kompetenzaufteilung eine Art von Identitätsverlust befürchten. Auch die Werbung übt einen massiven Druck in diese Richtung aus.

Dementsprechend befürworten weit weniger Frauen uneingeschränkt eine häusliche Aufgabenteilung bzw. die Mithilfe des Ehemannes, als angesichts der berechtigten Klagen über die »Doppelbelastung« zu vermuten wäre. Eine der größten neueren Erhebungen zu diesem Fragenkomplex (Die »Rolle des Mannes« und ihr Einfluß auf die Wahlmöglichkeiten der Frau, s. Literaturverzeichnis) erbrachte 1975 zur Frage »ob der Mann im Haushalt mithelfen« solle, folgende Ergebnisse:

»Drei Fünftel (62 Prozent) unserer repräsentativen Bevölkerungsstichprobe befürworten die Mithilfe des Mannes im Haushalt generell und ein knappes weiteres Fünftel (16 Prozent) mit einem einschränkenden ›Teils – Teils‹, während etwa ein Fünftel der Ansicht ist, daß die Frau die Last der häuslichen Arbeit allein zu tragen habe. Unter den Verheirateten befürworten – nicht verwunderlich – Frauen (63 Prozent) häufiger als Männer (55 Prozent) die Mithilfe des Mannes bei der Erledigung von Aufgaben im Haus generell; Frauen (15 Prozent) nehmen seltener Zuflucht zur Einschränkung des ›Teils – Teils‹ als Männer (18 Prozent); Männer (26 Prozent) befürworten häufiger die alleinige Zuständigkeit der Frau als Frauen (21 Prozent). Fragen wir zweitens genauer diejenigen Verheirateten, die die Norm der männlichen Mitarbeit generell oder mit Einschränkungen bejahen, nach den Bedingungen, unter denen eine Unterstützung durch den Mann befürwortet wird, dann sind es nur noch 16 Prozent der Frauen und 19 Prozent der Männer, die ›immer‹ ohne besondere Bedingungen die Mitarbeit des Mannes im Haus befürworten. 29 Prozent der verheirateten Frauen und 24 Prozent der verheirateten Männer machen die Berufstätigkeit der Frau zur Bedingung, 18 Prozent der verheirateten Frauen wie der verheirateten Männer die Überbelastung der Frau, 10 Prozent der verheirateten Frauen und 8 Prozent der verheirateten Männer die Anwesenheit von Kindern. Anders als bei der allgemeinen Ausgangsfrage sind bei der spezifischen Nachfrage die Frauen weniger anspruchsvoll in bezug auf die Mitarbeit ihrer Männer als die Männer selber: Die Ehefrauen verlangen seltener unbedingte Mitarbeit und führen seltener zwingende Bedingungen für die Mitarbeit des Mannes an – mit der bezeichnenden Ausnahme ›Anwesenheit von Kindern‹.«

Vereinbarkeit von Beruf und Familie

Die Schlußfolgerungen, die Inge Lange daraus zog, klangen dürftig. In Zukunft solle noch zielstrebiger darauf hingearbeitet werden, die »geistigen Ansprüche« der Frauen zu erhöhen. Sie wären dann eher bestrebt, nicht Sklavin ihres Haushalts zu bleiben. Weiter rief sie zu rationellerem Arbeiten auf und schlug einen neuen Leitspruch vor. Statt »mein Haushalt muß so gut wie möglich geführt werden« solle es besser heißen »er ist so gut wie nötig zu führen«.

Daß eine erhebliche Zeitersparnis durch Rationalisierung in vielen Fällen durchaus möglich wäre, soll nicht bestritten werden. Befremden mußte aber, daß Inge Lange sich ausschließlich an die Frauen wandte. Schließlich trägt das FGB die Haushaltsführung ausdrücklich beiden Ehegatten auf. Doch nach der Untersuchung von 1970 wurden lediglich 13 Prozent aller häuslichen Pflichten von den Ehemännern erfüllt. Anstieg gegenüber 1965: 1,4 Prozent.

Bei der Kinderbetreuung sieht das Verhältnis günstiger aus. Während nach einer Erhebung von 1966 berufstätige Mütter ihren Kindern pro Woche rund fünf Stunden widmeten, beschäftigten sich die Väter etwa drei Stunden mit ihnen. Zuständig fühlen sie sich aber in erster Linie für die Erziehung, nicht für die Pflege und Versorgung. Das kommt auch darin zum Ausdruck, daß in rund 90 Prozent aller Fälle die berufstätige Mutter zu Hause bleibt, um ein erkranktes Kind zu pflegen (vgl. S. 87).

Besonders groß ist die häusliche Belastung bei mehrschichtig arbeitenden Frauen. Nach Untersuchungen, die in der Ostberliner Wochenzeitung »Die Wirtschaft« veröffentlicht wurden, erledigen sie im Durchschnitt 73 Prozent aller anfallenden Hausarbeiten allein, während das nur bei 66 Prozent der einschichtig tätigen Produktionsarbeiterinnen der Fall ist. Viele Frauen sehen nach diesen Untersuchungen einen besonderen Vorteil der Schichtarbeit darin, daß sie in der Nachtschichtwoche tagsüber zu Haus sind. Dann wird alles nachgeholt, was in den Wochen zuvor an Arbeit liegengeblieben ist – natürlich auf Kosten des Schlafs. Wozu solche Überlastung führt, läßt sich aus der Krankenstatistik ablesen. Da Schichtarbeit ganz allgemein den Organismus stärker belastet, macht sie sich auch bei Männern durch Zunahme von nervösen Störungen sowie Herz- und Kreislauf-, Magen- und Darmerkrankungen bemerkbar. Bei Frauen liegen die entsprechenden Prozentzahlen um das Zwei- bis Dreifache höher als bei ihren männlichen Kollegen. Diese Frauen unterliegen einem Dauerstreß, der sich durch ein paar Tage Zusatzurlaub nicht auffangen läßt.

Siegfried Schnabl, einer der bekanntesten Mediziner und Sexualforscher der DDR, schilderte vor eini-

Vereinbarkeit von Beruf und Familie

Die Diskrepanz zwischen den hier geäußerten Einstellungen und dem tatsächlichen Verhalten bringen die Antworten berufstätiger Verheirateter auf die Frage »nach den Aktivitäten nach Feierabend« zum Ausdruck:

»Nur 16 Prozent der Männer, aber 72 Prozent der Frauen widmen sich abends der Hausarbeit. Umgekehrt gönnen sich 43 Prozent der Männer und nur 23 Prozent der Frauen das Fernsehen, 23 Prozent der Männer und nur 13 Prozent der Frauen heimische Lektüre, 18 Prozent der Männer und nur 5 Prozent der Frauen Aktivitäten außer Haus, 19 Prozent der Männer und nur 8 Prozent der Frauen heimische Unterhaltungen . . . Man kann fast von einer geschlechtsspezifischen Semantik des Wortes ›Feierabend‹ sprechen. Während der berufstätige Mann unter ›Feierabend‹ die verdiente Entspannung versteht, bedeutet es für die Frau nur die aufgeschobene, tagsüber nicht bewältigte Hausarbeit.«

Auch in anderen innerfamiliären Bereichen zeigen sich noch stark geschlechtsspezifische Tendenzen: So hielten immerhin 19 Prozent der Frauen und 20 Prozent der Männer die Kindererziehung für die alleinige Angelegenheit der Mutter (4 Prozent der Frauen und 3 Prozent der Männer plädierten für die Entscheidungskompetenz des Vaters, über die Hälfte aller Befragten sprachen sich für gemeinsame Erziehung aus). Entscheidungen über »größere Anschaffungen« und über Verträge wurden dagegen von rund 40 Prozent aller Befragten als reine Männersache angesehen. Hier verschiebt sich allerdings das Bild, wenn beide Ehepartner berufstätig sind: Vertragsabschlüsse gelten dann in über zwei Dritteln aller Fälle als gemeinsame Aufgabe.

Die Bereitschaft, überkommene Verhaltensmuster in Frage zu stellen, ist insgesamt gesehen deutlich gewachsen. Das geht immerhin so weit, daß eine zunehmende Anzahl von Männern unter bestimmten Bedingungen auch einen »Rollentausch« akzeptieren würde. Nach einer Umfrage des Allensbacher Instituts für Demoskopie von 1981 können sich 27 Prozent der befragten verheirateten oder in einer Partnerschaft lebenden Männer vorstellen, ihre Erwerbsarbeit aufzugeben und »Hausmann« zu werden. In der Altersgruppe von 16 bis 29 Jahre sind es sogar 45 Prozent. Mit der Höhe der beruflichen Position nimmt die Faszination eines unabhängigen Lebens als Hausmann allerdings deutlich ab: Nur 20 Prozent der leitenden Angestellten und Beamten und nur 15 Prozent der Freiberufler wären zu einem solchen Tausch bereit.

Von Einzelfällen und Übergangslösungen abgesehen, würde der Rollentausch auf Dauer allerdings nur die bekannten Probleme mit neuen Vorzeichen reproduzieren. Immerhin scheinen die erwähnten Umfra-

ger Zeit den Tagesablauf vieler körperlich und seelisch erschöpfter Frauen: Sie stehen um vier oder fünf Uhr auf, bringen die Kinder zur Krippe oder in den Kindergarten und hasten zum Betrieb. Nach anstrengender Berufsarbeit beginnt abends die zweite Schicht, Kinder abholen, einkaufen, Hausaufgaben kontrollieren, Abendessen machen, anschließend waschen, stopfen, nähen, bis sie gegen elf todmüde ins Bett sinken. – Bei Schichtarbeit wird alles noch komplizierter, besonders wenn kleine Kinder zu versorgen sind.

Neuere Umfragen zur Arbeitsteilung in der Familie (veröffentlicht 1979) fallen etwas günstiger aus als die oben angeführten Erhebungen von 1965 bzw. 1970. Allerdings machen die Interviewer selbst darauf aufmerksam, daß man diese Angaben mit Vorsicht bewerten müsse. Einmal schätzten Frauen und Männer ihre jeweiligen Anteile an der Hausarbeit nach unterschiedlichen Kriterien ein, und zum anderen sprächen viele Frauen bereits von »Arbeitsteilung«, wenn Männer und Kinder gelegentlich mit zufaßten.

Im Durchschnitt kann man davon ausgehen, daß verheiratete Frauen und Mütter in der DDR pro Woche mindestens zehn Stunden weniger Freizeit haben als ihre Ehemänner. Eine so ungleiche Belastung muß unweigerlich zu Spannungen führen. So ist erst kürzlich wieder bestätigt worden, daß die mangelhafte Partnerschaft die hohen Scheidungsziffern maßgeblich beeinflußt.

geergebnisse ein Beleg dafür zu sein, daß sich viele Männer mehr auf die Familie orientieren möchten, als sie es unter den derzeitigen Bedingungen tatsächlich können. Und das spricht dafür, daß die Vereinbarkeit von Beruf und Familie auf längere Sicht zu einem Problem werden dürfte, von dem sich *Frauen und Männer* betroffen fühlen.

Erziehung zur Partnerschaft

In den letzten zehn Jahren ist die ausgeprägte geschlechtsspezifische Ausbildung in den Schulen schrittweise überwunden worden. Während früher getrennter Unterricht im Sekundarbereich und unterschiedliche Lehrpläne Jungen und Mädchen fast zwangsläufig auf bestimmte Verhaltensweisen festlegten, ist hier durch die Koeduktion ein spürbarer Wandel eingetreten, der sich allmählich auch bei der Wahl des Berufes bzw. der Studienfächer bemerkbar macht. Allerdings wirken die weithin noch überholten Rollenmustern und Familienbildern verhafteten Schulbücher als retardierender Faktor (vgl. S. 14). Außerdem fehlt es in der Regel an einer aktiven Erziehung zu Gleichberechtigung und Partnerschaft. Das gilt nicht nur für die Schulen, sondern auch für die Mehrzahl der Elternhäuser. Mädchen und Jungen sehen sich zumeist unterschiedlichen Erwartungen ausgesetzt. Eine deutlich geschlechtsorientierte Erziehung ist noch weit verbreitet – angefangen

von der Auswahl des Spielzeugs und der Kinderbücher bis zur Mithilfe im Haushalt und zur Vorbereitung auf einen bestimmten Lebensplan. Mädchen werden im allgemeinen stärker reglementiert und behütet als Jungen, mehr zu Sauberkeit, Ordnung und Fleiß angehalten, früher und kontinuierlicher an häusliche Tätigkeiten herangeführt und konsequenter auf künftige familiäre Aufgaben vorbereitet. Die Berufsausbildung tritt demgegenüber häufig in den Hintergrund.

Im Zwischenbericht der von der Bundesregierung eingesetzten Enquête-Kommission »Frau und Gesellschaft« (s. Literaturverzeichnis) ist dem »Erziehungsziel Partnerschaft« ein längerer Abschnitt gewidmet. Darin wird deutlich, daß für eine konsequente Hinführung zur Partnerschaft im Vorschul- und Schulbereich erst einmal ein Konzept erarbeitet werden müßte. Die Kommission empfiehlt daher die Vergabe eines Forschungsauftrags, der sich mit der Frage einer geschlechtsunspezifischen Erziehung befassen soll. Darüber hinaus haben die Parlamentarier und Sachverständigen für den Schulunterricht bereits konkrete Vorschläge erarbeitet:

»Die gezielte Vorbereitung auf die Aufgaben in Haushalt, Ehe, Familie und Beruf muß rechtzeitig einsetzen. Diese Themen müssen obligatorische Inhalte des Curriculums der Sekundarstufe I in allen Schulfor-

Vereinbarkeit von Beruf und Familie

Erziehung zur Partnerschaft

»Wie haltet Ihr es mit der Ehe?« ist in der DDR zu einer Gretchenfragen der Jugendforschung geworden. In immer kürzeren Abständen wird über Erhebungen berichtet, bei denen es um Perspektiven des Zusammenlebens, um Erwartungen an den Partner geht. Für die jungen Leute in der DDR gehört Toleranz zum »Lebensstil der modernen Ehe« – das ist das Ergebnis einer Umfrage (1979) des Leipziger Instituts für Jugendforschung. 95 Prozent von insgesamt 1000 jungen Ehepaaren äußerten die feste Überzeugung, daß Verständnis für die Probleme und Eigenheiten des Partners eine erstrangige Voraussetzung für eine glückliche Ehe sei. Wichtige Entscheidungen wollen sie in der Regel gemeinsam treffen. Nur in acht von hundert Ehen bestimmt jeweils einer allein über die Erziehung der Kinder und die Freizeitgestaltung der Familie. Und nur bei sechs Prozent der Befragten werden Entscheidungen über größere finanzielle Aufwendungen nicht gemeinsam getroffen.

Allerdings stellen die Leipziger Forscher fest, daß es hinsichtlich der Toleranz auch noch »offene Probleme« gebe. Auch bei jungen Eheleuten sind Kindererziehung und Haushalt noch ungleich aufgeteilt. Andererseits werden jedoch gewisse Veränderungen im Verhalten der jungen Männer konstatiert. Mehr als 60 Prozent hätten bestätigt, daß sie sich die Hausarbeit gerechter teilen als ihre Eltern.

Das schlechte Beispiel des Elternhauses ist in einer Reihe früherer Umfragen für die geringe Bereitschaft zur häuslichen Arbeitsteilung verantwortlich gemacht worden. 1974 sprachen sich noch rund 28 Prozent von 1460 befragten Jugendlichen zwischen 16 und 20 Jahren einschränkungslos und weitere 57 Prozent bedingt für das Leitbild der Elternehe aus. Feste Vorstellungen waren damit kaum verbunden, eher die Erwartung, man werde schon irgendwie zurechtkommen. Solche Ergebnisse mußten alarmieren, wenn man die hohe Scheidungsquote in der DDR berücksichtigt. Daß ein Scheitern der Ehe kaum noch als besonderes Unglück angesehen wird, machte eine 1976 durchgeführte Untersuchung deutlich. Mehr als 50 Prozent der damals befragten Jugendlichen meinten, sie würden sich scheiden lassen, wenn sie glaubten, mit einem anderen Partner besser leben zu können. Scheidung als mehr oder minder selbstverständliche Alternative brachte die Befürworter einer konsequenteren Ehevorbereitung auf den Plan. Umfassender als bisher sollen die jungen Leute in der Schul- und Berufsausbildung auf die Ehe als lebenslange Gemeinschaft und auf den Wunsch nach mehreren Kindern orientiert werden. Auch die Eltern wurden in die Pflicht genommen. Es hänge entscheidend von ihnen ab, so hieß

men werden. Nur so ist die wünschenswerte Effizienz der Ausbildung zu sichern.

Für den Ansatz in der Sekundarstufe I spricht folgendes: Die Pflichtschulzeit endet für einen großen Teil der Jugendlichen mit dem 15. bzw. 16. Lebensjahr (Abschluß der Hauptschule bzw. Realschule). Wenn bis zu diesem Zeitpunkt eine intensive Beschäftigung mit den genannten Themenkreisen nicht erfolgt ist, unterbleibt für viele junge Menschen eine pädagogische Vorbereitung auf diese gesellschaftspolitisch wichtigen Aufgaben. Durch die später folgenden fakultativen Bildungsmaßnahmen werden bestenfalls 20 Prozent der Jugendlichen erreicht. Die genannten Themenkreise verlangen aber eine obligatorische Behandlung. Zunächst müssen alle am Schulwesen Beteiligten (Lehrer wie Schüler, Eltern ebenso wie Schulverwaltungen) von der Wichtigkeit einer obligatorischen bildenden Vorbereitung auf die partnerschaftlich motivierten Aufgaben des Menschen in Ehe und Familie überzeugt werden. Bei den Schulverwaltungen wird anfangs mit Vorbehalten zu rechnen sein, weil der Stoffplan der Pflichtschulen ohnehin schon stark angereichert und es sehr schwierig ist, für neue Inhalte zusätzlich Unterrichtsstunden bereitzustellen. Dies ist nur durch eine Umverteilung der Unterrichtszeiten zu bewerkstelligen, daß die genannten Inhalte in bestehende Unterrichtsfächer integriert werden. Es ist eine pädagogische Grundsatzfrage, wodurch man mehr Erfolg erzielen kann: durch eine solche Integration (d. h. auch: Aufteilung der Inhalte auf mehrere Fächer) oder aber durch Einrichtung neuer bzw. Ausdehnung relevanter bestehender Fächer.

Als neue Fächer kommen Erziehungslehre, Hauswirtschaftslehre und Gesundheitslehre in Frage.

Die Vorbereitung auf die Aufgaben in Ehe und Familie wird um so wirksamer, je eindeutiger eine Mehrstufigkeit (und das heißt auch: mehrfache Behandlung der Themen entsprechend den jeweiligen Entwicklungsabschnitten) ermöglicht wird. Konkret heißt das: Zu erstreben ist, diese Thematik auch auf der Sekundarstufe II zum Zuge kommen zu lassen, also im Gymnasium, in Berufsschule, Fach- und Fachoberschule und in der fakultativen Weiterbildung.

Der Unterricht in diesen neuen Fächern soll für beide Geschlechter gelten. Damit wird deutlich, daß hier nicht die frühere ›Frauenbildung‹ gemeint ist.«

Wie vielfältig die Probleme sind, die einer Erziehung zur Partnerschaft bislang im Wege stehen, wurde auf der »Fachtagung Frauen und Schule« deutlich, die im Mai 1982 in Gießen stattfand. Erziehungswissenschaftlerinnen trafen dort mit Lehrerinnen, Müttern und Schülerinnen zusammen, um über die »ge-

es, ob die Ehe ihrer Kinder gut gehe. In allen Untersuchungen wurde betont, daß es hauptsächlich bei der Gestaltung gleichberechtigter Beziehungen in der Familie noch vielfältige Probleme gebe. Werden sie nicht bewältigt, geht das in den meisten Fällen zu Lasten der Frau, die dann oft in einer Scheidung den letzten Ausweg sieht.

Den Eltern wurde und wird vor allem angelastet, daß sie ihre Kinder insgesamt zu wenig zu häuslichen Hilfeleistungen heranziehen und zudem Mädchen generell stärker fordern als Jungen. In der Publikation »Jugend und Familie« (Ost-Berlin 1981) heißt es dazu beispielsweise: »Geschlechtsunterschiedliche Aufgabenstellungen für Mädchen und Jungen können zu Problemen hinsichtlich der Persönlichkeitsentwicklung führen, vor allem bezüglich der Selbständigkeit und der Einstellung zur Gleichberechtigung. Männlichen Jugendlichen wird nicht nur zu einem geringeren Teil als weiblichen ein fester Arbeitskreis für familiäre Aufgaben zugewiesen; Jungen werden allgemein auch weniger häufig, weniger lange und weniger verantwortlich mit häuslichen Aufgaben betraut als Mädchen.

Aus anderen Untersuchungen über häusliche Mithilfe geht hervor, daß Aufgaben, die männliche und weibliche Jugendliche gleichermaßen erledigen können, zu drei Viertel von Mädchen und nur zu einem Viertel von Jungen erledigt werden.

Auf solche Weise werden Einstellungen und Verhaltensweisen reproduziert, die nicht zum Abbau der stärkeren Belastung der Frau durch Beruf und Familie beitragen. Einerseits wird das Verantwortungsbewußtsein für kollektive Pflichten in der Familie ungleich entwickelt, andererseits kann das Freizeitdefizit der Mädchen den Jungen gegenüber unter Umständen zu unerwünschten Geschlechterrollenfixierungen führen.«

Im Grunde ist das ein Appell vor allem an die Mütter. Da sie die Erziehung ihrer Kinder überwiegend in der Hand haben, könnten sie auch am ehesten auf die Überwindung tradierter Geschlechtsstereotypen hinarbeiten. Statt dessen werden diese Rollenmuster immer wieder reproduziert. Ob diese Tendenz noch dadurch verstärkt wird, daß auch in den Krippen und Kindergärten fast ausschließlich Frauen beschäftigt sind und der Anteil weiblicher Lehrer ebenfalls sehr hoch ist (in der Unterstufe mehr als drei Viertel, insgesamt rund 70 Prozent), kann mangels einschlägiger Untersuchungen höchstens vermutet werden.

Für alle öffentlichen Erziehungseinrichtungen in der DDR gilt die generelle Anweisung, geschlechtsspezifische Verhaltensweisen abzubauen und die Gleichberechtigung von Mann und Frau zu fördern. Daneben soll die »Vorbereitung auf Partnerschaft, ›Liebe und Ehe‹ fest in

schlechtsspezifische Sozialisation«
in den Schulen zu diskutieren. Von
Rollenklischees in Schulbüchern,
die Mädchen kaum positive Identifi-
kationsmöglichkeiten bieten, über
vorgeprägte Verhaltenserwartun-
gen der Lehrer bis zur Vorherrschaft
der Männer in führenden Positionen
des Bildungswesens reichte das
Spektrum der Bestandsaufnahme.
Bei den männlichen Kollegen, so
berichteten die Frauen, bestehe eine
»ganz massive Blockade«, sich mit
dem »Sexismus« in der Schule überhaupt ernsthaft auseinanderzuset-
zen.

Aber es gab auch Selbstkritik. »Wir
sind selbst sexistisch geworden«,
meinte etwa die Bielefelder Erzie-
hungswissenschaftlerin Ilse Breh-
mer zu Beginn der Tagung und fragte: »Trauen wir uns Verhaltensän-
derungen überhaupt zu?« – Ein Hinweis, daß der Weg zum partnerschaftlichen Miteinander in der
Schule lang und mühsam sein wird.

Vereinbarkeit von Beruf und Familie

den Unterricht der allgemeinbildenden und Berufsschulen integriert
werden«. Neben biologischen
Kenntnissen soll den Schülern das
Bewußtsein vermittelt werden, daß
befriedigende sexuelle Beziehungen
auf Dauer nur in einer auf Liebe und
gleichberechtigter Partnerschaft be-
gründeten Ehe verwirklicht werden
können. Außerdem sind die Lehrer
gehalten, in den Jugendlichen den
Wunsch nach Kindern zu wecken.
An den berufsbildenden Schulen
wurde 1977 als neues Fach »Soziali-
stisches Recht« eingeführt. Neben
Grundkenntnissen in Arbeits- und
Gesundheitsrecht sieht der Lehr-
plan auch die Einführung in das Familienrecht vor. Die Berufsausbildung soll verstärkt dazu beitragen,
»daß mit dem qualifizierten Facharbeiter auch ein guter Ehepartner

und ein guter Elternteil heran-
wächst«.
In den meisten Kreisen der DDR
gibt es schon seit einigen Jahren sogenannte »Eheschulen«, die ebenfalls der Vorbereitung Jugendlicher
auf Ehe und Familie dienen. Vorträge und Kurse zu dieser Thematik
werden auch vom DFD, von der
Urania (Gesellschaft zur Verbrei-
tung wissenschaftlicher Kenntnisse), von der Ehe- und Sexualbera-
tung sowie von der FDJ angeboten.
Auch in den Jugendzeitungen und
-zeitschriften (z. B. »Trommel«,
»Junge Welt«, »neues leben«) finden die Leser zahlreiche Veröffent-
lichungen zu Fragen wie Sexualität,
Familienplanung (Orientierung auf
Drei-Kinder-Familie), Eherecht
und praktische Probleme des häuslichen Alltags.

Sechstes Kapitel

Politik und Gesellschaft

Politik und Gesellschaft

Parteien und Parlamente
Die vier zur Zeit im Deutschen Bundestag vertretenen Parteien hatten 1980 folgende Anteile weiblicher Mitglieder:
SPD 22,6 Prozent (1970 17,3)
CDU 20,9 Prozent (1970 13,6)
FDP 23,0 Prozent (1970 15,0)
CSU 13,0 Prozent (1970 10,0)
Der Anteil weiblicher Bundestagsabgeordneter war seit 1961 rückläufig. Mit 5,8 Prozent wurde bei den Wahlen von 1972 ein Tiefstand erreicht, wie er im Durchschnitt nicht einmal im Reichstag der Weimarer Republik zu verzeichnen war. Seit 1976 ist wieder ein Aufwärtstrend zu verzeichnen.

Tabelle 25
Frauen im Deutschen Bundestag

Jahr	Abge-ordnete[1]	davon Frauen	%
1949	410	29	7,1
1953	509	45	8,8
1957	519	48	9,2
1961	521	43	8,3
1965	518	36	6,9
1969	518	34	6,6
1972	518	29	5,8
1976	518	41	7,9
1980	519	44	8,5

1 Die nicht voll stimmberechtigten Berliner Mitglieder sind mitgezählt

Erstmals in der Geschichte des Deutschen Bundestages führen in der 9. Legislaturperiode drei Frauen den Vorsitz in Bundestagsausschüssen:
Lieselotte Berger (CDU), Petitionsausschuß;
Herta Däubler-Gmelin (SPD), Rechtsausschuß;
Ingrid Matthäus-Maier (FDP), Finanzausschuß.

Die Landtage haben mit 6 Prozent einen besonders niedrigen Anteil weiblicher Abgeordneter. Am stärksten sind Frauen in Gemeindeparlamenten vertreten. In Gemeinden mit mehr als 20 000 Einwohnern sind durchschnittlich 12 Prozent der Ratsmitglieder weiblich, in Großstädten (ab 100 000 Einwohner) rund 15 Prozent. Besonders hohe Anteile sind in Heidelberg (33 Prozent), Freiburg (27 Prozent), München (25 Prozent), Nürnberg und Kassel (je 23 Prozent) zu verzeichnen.

Regierung
Anke Fuchs (SPD) – Bundesminister für Jugend, Familie und Gesundheit – ist die einzige Frau im Bundeskabinett. Hildegard Hamm-Brücher ist Staatsminister im Auswärtigen Amt.
Seit dem 1. Juli 1979 besteht beim Bundesministerium für Jugend, Familie und Gesundheit ein »Arbeitsstab Frauenpolitik«, der unmittelbar der Ministerin unterstellt ist und seit April 1981 von Ellen Gisela Wolf geleitet wird. Das Gremium soll laut Auftrag des Bundeskanzlers »dabei mitwirken, rechtliche Lücken zu schließen, um die volle, im Grundgesetz verankerte Gleichberechtigung zu erreichen und die

Politik und Gesellschaft

Parteien und Parlamente

Formal besteht zwar ein Mehrparteiensystem, doch faktisch übt die Sozialistische Einheitspartei Deutschlands (SED) allein die Macht aus. Ihr Führungsanspruch ist in der Verfassung verankert. 1981 hatte die SED 33,7 Prozent weibliche Mitglieder.

In den Entscheidungsgremien der Partei sind die Frauen erheblich unterrepräsentiert. Dem Zentralkomitee (ZK) gehören 12 Prozent weibliche Mitglieder und 8,9 Prozent weibliche Kandidaten an. Einer von 11 ZK-Sekretären ist eine Frau (Inge Lange, zuständig für Frauenfragen). Im Politbüro des ZK, dem Machtzentrum der SED, hat es noch nie weibliche Vollmitglieder gegeben. Seit 1973 sind zwei Politbürokandidaten (ohne Stimmrecht) Frauen. Von den 15 ersten Bezirkssekretären der SED ist keiner weiblich.

In der Volkskammer, dem Parlament der DDR, gibt es keine Opposition. Alle darin vertretenen Parteien (neben der SED: CDU, LDPD, NDPD, DBD) und Massenorganisationen [Freier Deutscher Gewerkschaftsbund (FDGB), Freie Deutsche Jugend (FDJ), Demokratischer Frauenbund Deutschlands (DFD), Kulturbund (DKB)] sind in der »Nationalen Front der DDR« zusammengeschlossen. Sie werden nach festgelegten Anteilen ausschließlich über Einheitslisten gewählt. Da die meisten Abgeordneten der Massenorganisationen gleichzeitig Mitglieder der SED sind, ist deren absolute Mehrheit automatisch gesichert.

Tabelle 26
Frauen in der Volkskammer

Jahr	Abge-ordnete*	davon Frauen	%
1949**	333	53	16,1
1950	400	92	23,0
1954	400	92	23,0
1958	400	95	23,8
1963	434	115	26,5
1967	434	131	30,2
1971	434	133	30,6
1976	500	168	33,6
1981	500	156	31,2

* Ab 1976 einschließlich der Ostberliner Abgeordneten
** Provisorische Volkskammer

In den 15 Bezirkstagen betrug der Frauenanteil 1980 durchschnittlich 37,8 Prozent, in den Stadtverordnetenversammlungen und Gemeindevertretungen 34,8 Prozent. Von den Bürgermeistern bzw. Ratsvorsitzenden in Gemeinden, Städten und Kreisen sind rund 23 Prozent Frauen.

Regierung

Dem Ministerrat gehört eine Frau an: Margot Honecker, Minister für Volksbildung.

Staatsrat

Von den 25 Mitgliedern des Staatsrates (Vorsitzender: SED-Generalsekretär Erich Honecker) sind fünf weiblich.

tatsächlichen Benachteiligungen von Frauen abzubauen«. Vergleich-bare Institutionen gibt es auch bei den Regierungen der Bundesländer.

Tabelle 27
Weibliche Bundesminister 1949 – 1982

Name	Parteizugehörigkeit	Funktion	Amtsdauer
Brauksiepe, Änne	CDU	Bundesminister für Familie und Jugend	1968–1969
Focke, Katharina	SPD	Bundesminister für Jugend, Familie und Gesundheit	1972–1976
Fuchs, Anke	SPD	Bundesminister für Jugend, Familie und Gesundheit	seit 1982
Huber, Antje	SPD	Bundesminister für Jugend, Familie und Gesundheit	1976–1982
Schlei, Marie	SPD	Bundesminister für wirtschaftliche Zusammenarbeit	1976–1978
Schwarzhaupt, Elisabeth	CDU	Bundesminister für Gesundheitswesen	1961–1966
Strobel, Käte	SPD	Bundesminister für Gesundheitswesen	1966–1969
		Bundesminister für Jugend, Familie und Gesundheitswesen	1969–1972

Gewerkschaften

Der Deutsche Gewerkschaftsbund (DGB), Dachorganisation von 17 Einheitsgewerkschaften der Arbeiter, Angestellten und Beamten, hatte 1981 knapp acht Millionen Mitglieder. Davon sind 20,7 Prozent Frauen. Die Anzahl weiblicher Mitglieder hat zwischen 1978 und 1981 um fast 250 000 zugenommen.
Von 1973 bis 1982 war Maria Weber stellvertretende Vorsitzende des DGB-Bundesvorstandes.
Besonders hohe Anteile weiblicher Mitglieder (jeweils über 50 Prozent) erreichen die Gewerkschaften Handel, Banken und Versicherungen, Erziehung und Wissenschaft sowie Textil-Bekleidung.
Der Anteil weiblicher Betriebsratsmitglieder stieg von 11,4 Prozent 1968 über 17,1 Prozent 1978 auf 19,3 Prozent 1981. Von insgesamt 36 307 Betriebsratsvorsitzenden waren 1981 13 Prozent Frauen.

In der Deutschen Angestelltengewerkschaft (DAG) waren 1980 von 475 342 Mitgliedern 169 920 weiblich (35,7 Prozent).

Politik und Gesellschaft

Tabelle 28
Weibliche Minister bzw. Frauen im Ministerrang 1949 – 1982

Name	Parteizugehörigkeit	Funktion	Amtsdauer
Benjamin, Hilde	SED	Minister der Justiz	1953–1967
Honecker, Margot	SED	Minister für Volksbildung	seit 1963
Wittkowski, Margarete[1]	SED	Stellvertreter des Vors. des Ministerrates, zuständig für Handel, Versorgung und Landwirtschaft	1961–1967
Zaisser, Else	SED	Minister für Volksbildung	1952–1953
Im Ministerrang			
Kuckhoff, Greta	SED	Präsident der Deutschen Notenbank	1950–1958
Schmidt, Elli	SED	Vorsitzende der Staatl. Kommission für Handel und Versorgung	Febr. bis Juli 1953

1 M. Wittkowski war von 1967 – 1974 Präsident der Deutschen Notenbank (seit 1. 1. 1968 Staatsbank der DDR) und in dieser Funktion von 1972 bis 1974 erneut Mitglied des Ministerrates.
Quelle: Gabriele Gast, Die politische Rolle der Frau in der DDR, Düsseldorf 1973

Gewerkschaften

Der Freie Deutsche Gewerkschaftsbund (FDGB), der sich aus 15 Industriegewerkschaften (IG) und Gewerkschaften zusammensetzt, ist mit rund 8,3 Millionen Mitgliedern (1977) die größte Massenorganisation der DDR. Mehr als die Hälfte (4,2 Millionen) sind Frauen. Professor Dr. Johanna Töpfer wurde 1968 zur Stellvertretenden Vorsitzenden des FDGB-Bundesvorstandes gewählt.
Fast jedes zweite weibliche Gewerkschaftsmitglied übt eine Funktion aus. In der Führungsspitze des FDGB ist der Frauenanteil allerdings relativ gering: Präsidium des Bundesvorstandes 23 Prozent, Sekretariat des Bundesvorstandes 22 Prozent.

Tabelle 29
Anteile der Frauen in FDGB-Gremien 1976/77

Betriebsgewerkschaftsleitung	54,6 %
Kreisvorstände des FDGB	49,3 %
Bezirksvorstände des FDGB	48,7 %
Bundesvorstand des FDGB	45,0 %

Quelle: Die Frau in der DDR, Dresden 1979

In allen Betrieben der Industrie, des Handels, der Land- und Fortwirtschaft, im Staatsapparat und in den Bildungseinrichtungen bestehen Frauenausschüsse, die die Interessen der weiblichen Beschäftigten vertreten. Sie sind Teil der Betriebsgewerkschaftsleitungen und werden von den weiblichen FDGB-Mitgliedern gewählt. 1981 gab es insgesamt rund 9800 Frauenausschüsse mit über 77 000 Mitgliedern.

Frauenverbände
Im Deutschen Frauenrat sind mehr als 1000 Frauenorganisationen und Frauenvereinigungen von Verbänden, Parteien, Kirchen und Gewerkschaften zusammengeschlossen. Er stimmt die Aktivitäten seiner Mitgliedsverbände aufeinander ab und vertritt die gemeinsamen Interessen seiner insgesamt rund zehn Millionen Mitglieder gegenüber der Öffentlichkeit sowie den Regierungen und Parlamenten von Bund und Ländern. Die Arbeit des Frauenrates wird von der Bundesregierung finanziell unterstützt. Vorsitzende ist seit 1974 Irmgard von Meibom.

Zu folgenden Themenbereichen hat der Deutsche Frauenrat Fachausschüsse eingerichtet:
– Arbeitszeit (Vereinbarkeit von Familie, Beruf, Gesellschaft);
– Dritte Welt;
– Frauenforschung;
– Gleichberechtigung;
– Rentenversicherung;
– Steuerfragen;
– Weltaktionsplan der Vereinten Nationen für die Dekade der Frauen.

Autonome Frauenbewegung
Seit Ende der sechziger Jahre – teilweise im Zusammenhang mit der Studentenbewegung – bildeten sich autonome Frauengruppen, die sich zunächst hauptsächlich für eine Änderung von § 218 StGB (Verbot der Schwangerschaftsunterbrechung, vgl. dazu S. 74) einsetzten. Inzwischen gibt es eine Vielzahl verschiedener Gruppierungen, die auf Interessen und Bedürfnisse von Frauen eingehen (Frauenzentren, Frauenforen, Frauenverlage, Frauenbuchläden usw.).

In den letzten Jahren hat die autonome Frauenbewegung das Problem »Gewalt gegen Frauen« in den Mittelpunkt ihrer Aktivitäten gestellt. Zunächst in Berlin, Frankfurt und Köln, später auch in vielen anderen Städten und Gemeinden schlossen sich Frauen zusammen, um mißhandelten Frauen und ihren Kindern zu helfen. Sie gründeten *Frauenhäuser*, in denen neben Schutz vor gewalttätigen Männern praktische, juristische und psychologische Unterstützung und Beratung, *Hilfe zur Selbsthilfe*, angeboten wird. Das Berliner Frauenhaus wurde von der Bundesregierung drei Jahre als Modell gefördert. Ein weiteres Modellprojekt wird in einem ländlichen Gebiet vorbereitet. Frauenhausinitiativen bildeten sich inzwischen fast überall in der Bundesrepublik. Ihre Arbeit wird zum Teil von Bundesländern und Städten unterstützt.

Frauenverband

Der Demokratische Frauenbund Deutschlands (DFD) ist die einzige Frauenorganisation. Er ist aus den 1945 gebildeten antifaschistischen Frauenausschüssen hervorgegangen und wurde am 8. März 1947 gegründet. Vorsitzende ist seit 1953 Ilse Thiele, Mitglied des Zentralkomitees der SED und der Volkskammer.

Im Statut des DFD ist die Anerkennung der führenden Rolle der Partei festgelegt. Die hauptamtlichen Funktionärinnen des DFD, überwiegend SED-Mitglieder, haben die Aufgabe, »die Politik der Partei im DFD durchzusetzen, sie den Frauen zu erklären, die Frauen mit sozialistischem Bewußtsein zu erfüllen und sie für den sozialistischen Aufbau zu gewinnen«. Dabei sollen sie sich besonders auf die nicht berufstätigen Frauen konzentrieren und sie zur Aufnahme einer Erwerbstätigkeit veranlassen. Seit 1967 unterhält der DFD »Frauenakademien« für die politische Schulung und Veranstaltungen mit kultureller und hauswirtschaftlicher Thematik. Zwischen Anfang 1975 und Anfang 1982 haben rund 750 000 Frauen Vortragszyklen dieser Akademien besucht. Seit 1971 richtet der Frauenbund in den Bezirks- und Kreisstädten »Beratungszentren für Haushalt und Familie« ein, in denen Fachleute für individuelle Auskünfte über Probleme des Familienalltags (z. B. rationelle Haushaltsführung, sinnvolle Freizeitgestaltung, Vorbereitung junger Menschen auf Ehe und Familie) zur Verfügung stehen. Für größere Interessentenkreise werden Vorträge, Vorführungen und Gespräche zu Fragen aus den unterschiedlichsten Bereichen angeboten. 1982 gab es insgesamt 206 Beratungszentren. 1982 hatte der DFD 1,4 Millionen Mitglieder; 66,5 Prozent von ihnen sind jünger als 35 Jahre. Die Mitgliedszahl hat sich seit 1975 um rund 350 000 erhöht.

In der Volkskammer der DDR bildet der DFD eine eigene Fraktion, die 35 Abgeordnete umfaßt.

Seit 1948 gehört der Demokratische Frauenbund der Internationalen Frauenföderation (IDFF) an.

Der 1951 in der Bundesrepublik gegründete DFD wurde 1957 verboten.

Dokumente

Aus dem Grundgesetz für die Bundesrepublik Deutschland
Vom 23. Mai 1949

Artikel 3
(1) Alle Menschen sind vor dem Gesetze gleich.
(2) Männer und Frauen sind gleichberechtigt.
(3) Niemand darf wegen seines Geschlechtes, seiner Abstammung, seiner Rasse, seiner Sprache, seiner Heimat und Herkunft, seines Glaubens, seiner religiösen oder politischen Anschauungen benachteiligt oder bevorzugt werden.

Artikel 6
(1) Ehe und Familie stehen unter dem besonderen Schutze der staatlichen Ordnung.
(2) Pflege und Erziehung der Kinder sind das natürliche Recht der Eltern und die zuvörderst ihnen obliegende Pflicht. Über ihre Betätigung wacht die staatliche Gemeinschaft.
(3) Gegen den Willen der Erziehungsberechtigten dürfen Kinder nur auf Grund eines Gesetzes von der Familie getrennt werden, wenn die Erziehungsberechtigten versagen oder wenn die Kinder aus anderen Gründen zu verwahrlosen drohen.
(4) Jede Mutter hat Anspruch auf den Schutz und die Fürsorge der Gemeinschaft.
(5) Den unehelichen Kindern sind durch die Gesetzgebung die gleichen Bedingungen für ihre leibliche und seelische Entwicklung und ihre Stellung in der Gesellschaft zu schaffen wie den ehelichen Kindern.

Aus dem Gleichberechtigungsgesetz
Vom 18. Juni 1957

§ 1353
(1) Die Ehegatten sind einander zur ehelichen Lebensgemeinschaft verpflichtet.
(2) Stellt sich das Verlangen eines Ehegatten nach Herstellung der Gemeinschaft als Mißbrauch seines Rechtes dar, so ist der andere Ehegatte nicht verpflichtet, dem Verlangen Folge zu leisten. Das gleiche gilt, wenn der andere Ehegatte berechtigt ist, auf Scheidung zu klagen. Ist das Scheidungsrecht durchVerzeihung oder Fristablauf verlorengegangen, so sind die Rechte und Pflichten der Ehegatten so zu beurteilen, als ob der verlorengegangene Scheidungsgrund niemals bestanden hätte.

§ 1355
Der Ehe- und Familienname ist der Name des Mannes. Die Frau ist berechtigt, durch Erklärung gegenüber dem Standesbeamten dem Namen des Mannes ihren Mädchennamen hinzuzufügen; die Erklärung muß öffentlich beglaubigt werden.

§ 1356
(1) Die Frau führt den Haushalt in eigener Verantwortung. Sie ist berechtigt, erwerbstätig zu sein, soweit dies mit ihren Pflichten in Ehe und Familie vereinbar ist.
(2) Jeder Ehegatte ist verpflichtet, im Beruf oder Geschäft des anderen Ehegatten mitzuarbeiten, soweit dies nach den Verhältnissen, in denen die Ehegatten leben, üblich ist.

§ 1357
(1) Die Frau ist berechtigt, Geschäfte, die innerhalb ihres häuslichen Wirkungskreises liegen, mit Wirkung für den Mann zu besorgen. Aus Rechtsgeschäften, die sie innerhalb dieses Wirkungskreises vornimmt, wird der Mann berechtigt und verpflichtet, es sei denn, daß sich aus den Umständen etwas anderes ergibt; ist der Mann nicht zahlungsfähig, so wird auch die Frau verpflichtet.
(2) Der Mann kann die Berechtigung der Frau, Geschäfte mit Wirkung für ihn zu besorgen, beschränken oder ausschließen; besteht für die Beschränkung oder Ausschließung kein ausreichender Grund, so hat das Vormundschaftsgericht sie aufAntrag der Frau aufzuheben. Dritten gegenüber wirkt die Beschränkung oder Ausschließung nur nach Maßgabe des § 1412.

§ 1359
Die Ehegatten haben bei der Erfüllung der sich aus dem ehelichen Verhältnis ergebenden Verpflichtungen einander nur für diejenige Sorgfalt einzustehen, welche sie in eigenen Angelegenheiten anzuwenden pflegen.

§ 1360
Die Ehegatten sind einander verpflichtet, durch ihre Arbeit und mit ihrem Vermögen die Familie angemessen zu unterhalten. Die Frau erfüllt ihre Verpflichtung, durch Arbeit zum Unterhalt der Familie beizutragen, in der Regel durch die Führung des Haushalts; zu einer Erwerbstätigkeit ist sie nur verpflichtet, soweit die Arbeitskraft des Mannes und die Ein-

künfte der Ehegatten zum Unterhalt der Familie nicht ausreichen und es den Verhältnissen der Ehegatten auch nicht entspricht, daß sie den Stamm ihrer Vermögen verwerten.

§ 1360a
(1) Der angemessene Unterhalt der Familie umfaßt alles, was nach den Verhältnissen der Ehegatten erforderlich ist, um die Kosten des Haushalts zu bestreiten und die persönlichen Bedürfnisse der Ehegatten und den Lebensbedarf der gemeinsamen unterhaltsberechtigten Kinder zu befriedigen.
(2) Der Unterhalt ist in der Weise zu leisten, die durch die eheliche Lebensgemeinschaft geboten ist. Der Mann ist verpflichtet, der Frau seinen Beitrag zum gemeinsamen Unterhalt der Familie für einen angemessenen Zeitraum im voraus zur Verfügung zu stellen.

Aus dem Ersten Gesetz zur Reform des Ehe- und Familienrechts (1. EheRG)
Vom 14. Juni 1976

§ 1353
(1) Die Ehe wird auf Lebenszeit geschlossen. Die Ehegatten sind einander zur ehelichen Lebensgemeinschaft verpflichtet.
(2) Ein Ehegatte ist nicht verpflichtet, dem Verlangen des anderen Ehegatten nach Herstellung der Gemeinschaft Folge zu leisten, wenn sich das Verlangen als Mißbrauch seines Rechtes darstellt oder wenn die Ehe gescheitert ist.

§ 1355
(1) Die Ehegatten führen einen gemeinsamen Familiennamen (Ehenamen).
(2) Zum Ehenamen können die Ehegatten bei der Eheschließung durch Erklärung gegenüber dem Standesbeamten den Geburtsnamen des Mannes oder den Geburtsnamen der Frau bestimmen. Treffen sie keine Bestimmung, so ist Ehename der Geburtsname des Mannes. Geburtsname ist der Name, der in der Geburtsurkunde der Verlobten zur Zeit der Eheschließung eingetragen ist.
(3) Ein Ehegatte, dessen Geburtsname nicht Ehename wird, kann durch Erklärung gegenüber dem Standesbeamten dem Ehenamen seinen Geburtsnamen oder den zur Zeit der Eheschließung geführten Namen voranstellen; die Erklärung bedarf der öffentlichen Beglaubigung.
(4) Der verwitwete oder geschiedene Ehegatte behält den Ehenamen. Er kann durch Erklärung gegenüber dem Standesbeamten seinen Geburtsnamen oder den Namen wieder annehmen, den er zur Zeit der Eheschließung geführt hat; die Erklärung bedarf der öffentlichen Beglaubigung.

§ 1356
(1) Die Ehegatten regeln die Haushaltsführung im gegenseitigen Einvernehmen. Ist die Haushaltsführung einem der Ehegatten überlassen, so leitet dieser den Haushalt in eigener Verantwortung.
(2) Beide Ehegatten sind berechtigt, erwerbstätig zu sein. Bei der Wahl und Ausübung einer Erwerbstätigkeit haben sie auf die Belange des anderen Ehegatten und der Familie die gebotene Rücksicht zu nehmen.

§ 1357

(1) Jeder Ehegatte ist berechtigt, Geschäfte zur angemessenen Deckung des Lebensbedarfs der Familie mit Wirkung auch für den anderen Ehegatten zu besorgen. Durch solche Geschäfte werden beide Ehegatten berechtigt und verpflichtet, es sei denn, daß sich aus den Umständen etwas anderes ergibt.

(2) Ein Ehegatte kann die Berechtigung des anderen Ehegatten, Geschäfte mit Wirkung für ihn zu besorgen, beschränken oder ausschließen; besteht für die Beschränkung oder Ausschließung kein ausreichender Grund, so hat das Vormundschaftsgericht sie auf Antrag aufzuheben. Dritten gegenüber wirkt die Beschränkung oder Ausschließung nur nach Maßgabe des § 1412.

(3) Absatz 1 gilt nicht, wenn die Ehegatten getrennt leben.

§ 1360

Die Ehegatten sind einander verpflichtet, durch ihre Arbeit und mit ihrem Vermögen die Familie angemessen zu unterhalten. Ist einem Ehegatten die Haushaltsführung überlassen, so erfüllt er seine Verpflichtung, durch Arbeit zum Unterhalt der Familie beizutragen, in der Regel durch die Führung des Haushalts.

Die Ehegatten sind einander verpflichtet, die zum gemeinsamen Unterhalt der Familie erforderlichen Mittel für einen angemessenen Zeitraum im voraus zur Verfügung zu stellen.

Gesetz über die Gleichbehandlung von Männern und Frauen am Arbeitsplatz und über die Erhaltung von Ansprüchen bei Betriebsübergang (Arbeitsrechtliches EG-Anpassungsgesetz)
Vom 13. August 1980

Der Bundestag hat das folgende Gesetz beschlossen:

Artikel 1
Änderung des Bürgerlichen Gesetzbuches
Das Bürgerliche Gesetzbuch in der im Bundesgesetzblatt Teil III, Gliederungsnummer 400-2, veröffentlichten bereinigten Fassung, zuletzt geändert durch Gesetz vom 24. Juli 1979 (BGBl. I S. 1202), wird wie folgt geändert:

1. Hinter § 611 wird folgender § 611 a eingefügt:
   § 611 a
   (1) Der Arbeitgeber darf einen Arbeitnehmer bei einer Vereinbarung oder einer Maßnahme, insbesondere bei der Begründung des Arbeitsverhältnisses, beim beruflichen Aufstieg, bei einer Weisung oder einer Kündigung, nicht wegen seines Geschlechts benachteiligen. Eine unterschiedliche Behandlung wegen des Geschlechts ist jedoch zulässig, soweit eine Vereinbarung oder eine Maßnahme die Art der vom Arbeitnehmer auszuübenden Tätigkeit zum Gegenstand hat und ein bestimmtes Geschlecht unverzichtbare Voraussetzung für diese Tätigkeit ist. Wenn im Streitfall der Arbeitnehmer Tatsachen glaubhaft macht, die eine Benachteiligung wegen des Geschlechts vermuten lassen, trägt der Arbeitgeber die Beweislast dafür, daß nicht auf das Geschlecht bezogene, sachliche Gründe eine unterschiedliche Behandlung rechtfertigen oder das Geschlecht unverzichtbare Voraussetzung für die auszuübende Tätigkeit ist.
   (2) Ist ein Arbeitsverhältnis wegen eines von dem Arbeitgeber zu vertretenden Verstoßes gegen das Benachteiligungsverbot des Absatzes 1 nicht begründet worden, so ist er zum Ersatz des Schadens verpflichtet, den der Arbeitnehmer dadurch erleidet, daß er darauf vertraut, die Begründung des Arbeitsverhältnisses werde nicht wegen eines solchen Verstoßes unterbleiben. Satz 1 gilt beim beruflichen Aufstieg entsprechend, wenn auf den Aufstieg kein Anspruch besteht.
   (3) Der Anspruch auf Schadensersatz wegen eines Verstoßes gegen das Benachteiligungsverbot verjährt in zwei Jahren. § 201 ist entsprechend anzuwenden.
2. Hinter § 611 a wird folgender § 611 b eingefügt:
   § 611 b
   Der Arbeitgeber soll einen Arbeitsplatz weder öffentlich noch innerhalb des Betriebs nur für Männer oder nur für Frauen ausschreiben, es sei denn, daß ein Fall des § 611 a Abs. 1 Satz 2 vorliegt.
3. In § 612 wird folgender Absatz 3 angefügt:
   (3) Bei einem Arbeitsverhältnis darf für gleiche oder für gleichwertige Arbeit nicht wegen des Geschlechts des Arbeitnehmers eine geringere Vergütung vereinbart werden als bei einem Arbeitnehmer des anderen Geschlechts. Die Vereinbarung einer geringeren Vergütung wird nicht dadurch gerechtfertigt, daß wegen des Geschlechts des Arbeitnehmers besondere Schutzvorschriften gelten. § 611 a Abs. 1 Satz 3 ist entsprechend anzuwenden.

4. Hinter § 612 wird folgender § 612 a eingefügt:

§ 612 a

Der Arbeitgeber darf einen Arbeitnehmer bei einer Vereinbarung oder einer Maßnahme nicht benachteiligen, weil der Arbeitnehmer in zulässiger Weise seine Rechte ausübt.

5. § 613 a wird wie folgt geändert:

a) In Absatz 1 werden folgende Sätze 2 bis 4 angefügt:

Sind diese Rechte und Pflichten durch Rechtsnormen eines Tarifvertrags oder durch eine Betriebsvereinbarung geregelt, so werden sie Inhalt des Arbeitsverhältnisses zwischen dem neuen Inhaber und dem Arbeitnehmer und dürfen nicht vor Ablauf eines Jahres nach dem Zeitpunkt des Übergangs zum Nachteil des Arbeitnehmers geändert werden. Satz 2 gilt nicht, wenn die Rechte und Pflichten bei dem neuen Inhaber durch Rechtsnormen eines anderen Tarifvertrags oder durch eine andere Betriebsvereinbarung geregelt werden. Vor Ablauf der Frist nach Satz 2 können die Rechte und Pflichten geändert werden, wenn der Tarifvertrag oder die Betriebsvereinbarung nicht mehr gilt oder bei fehlender beiderseitiger Tarifgebundenheit im Geltungsbereich eines anderen Tarifvertrags, dessen Anwendung zwischen dem neuen Inhaber und dem Arbeitnehmer vereinbart wird.

b) Folgender Absatz 4 wird angefügt:

(4) Die Kündigung des Arbeitsverhältnisses eines Arbeitnehmers durch den bisherigen Arbeitgeber oder durch den neuen Inhaber wegen des Übergangs eines Betriebs oder eines Betriebsteils ist unwirksam. Das Recht zur Kündigung des Arbeitsverhältnisses aus anderen Gründen bleibt unberührt.

Artikel 2

Aushang

Der Arbeitgeber soll einen Abdruck der §§ 611 a, 611 b, 612 Abs. 3 und § 612 a des Bürgerlichen Gesetzbuches in der Fassung dieses Gesetzes an geeigneter Stelle im Betrieb zur Einsicht auslegen oder aushängen.

Artikel 3

Änderung des Arbeitsgerichtsgesetzes

Das Arbeitsgerichtsgesetz in der Fassung der Bekanntmachung vom 2. Juli 1979 (BGBl. I S. 853, 1036), geändert durch Artikel 4 Nr. 11 des Gesetzes vom 13. Juni 1980 (BGBl. I S. 677), wird wie folgt geändert:

§ 98 Abs. 2 wird wie folgt geändert:

1. Es wird folgender neuer Satz 2 eingefügt:

Die Beschwerde ist innerhalb einer Frist von zwei Wochen einzulegen und zu begründen.

2. Die Sätze 2 und 3 werden Sätze 3 und 4.

[. . .]

Bonn, den 13. August 1980

Familienpolitische Grundsätze der Bundesregierung
Aus der Stellungnahme zum Dritten Familienbericht

1. Stellenwert der Familie in der Politik

Die Bundesregierung fördert die Familie mit dem Ziel, der Familie als ganzes sowie Kindern, Jugendlichen und Erwachsenen die bestmögliche Entfaltung zu sichern.
Die Familie nimmt grundlegende Aufgaben im mitmenschlichen Zusammenleben wahr; sie kann darin nicht ersetzt werden.
Viele Aufgaben der Familie haben sich im Laufe der Zeit geändert; die Familie ist nach wie vor von zentraler Bedeutung für die Gesellschaft.
Kinder werden durch die Familie in Sprache, Denkweisen und Werte unserer Kultur eingeführt. Durch die Zuwendung der Eltern gewinnen Kinder das für ihre persönliche Entwicklung und ihre Eingliederung in die Gesellschaft notwendige Vertrauen in ihre Umwelt.
Die Eltern sind über ihre eigene Erziehungsaufgabe hinaus an der Erziehung in der Schule und im Kindergarten beteiligt; sie bestimmen in diesen Einrichtungen mit.
Sie haben das Recht, sich an der Gestaltung des sozialen Umfeldes der Familie, wie z. B. im Bereich familiengerechter Sozial- und Städteplanung, zu beteiligen.
Die Bundesregierung anerkennt und würdigt die große Leistung der Familien bei der Erziehung und Sorge für die Kinder.
Die weitaus größte Zahl der Eltern ist sich ihrer Erziehungsverantwortung bewußt. Gegenüber diesen Familien hat der Staat weder die Absicht noch die Befugnis, in die Familien einzugreifen. Die gesetzgeberischen Maßnahmen auf dem Gebiet des Familienrechts zielen darauf ab, intakte Familien abzusichern und bei Störung der Familienverhältnisse die erforderliche Hilfestellung zu geben.
Der freiheitlichen Grundordnung der Bundesrepublik Deutschland entspricht eine Familienpolitik, die den Familien erleichtert, nach eigener Wertorientierung ohne staatliche Einengung insbesondere zu entscheiden über
– die Gestaltung der Beziehungen in der Familie
– die Verteilung der Familienaufgaben auf die einzelnen Familienmitglieder
– die Ziele und die Methoden der Erziehung der Kinder
– die Anzahl der Kinder und den Zeitpunkt ihrer Geburt
– ob und wann Eltern Kinder wünschen.
Männer und Frauen können partnerschaftlich entscheiden, wie sie sich ihre Aufgabe in Familie und Beruf aufteilen. Es ist nicht Aufgabe der Bundesregierung, hierfür Leitbilder vorzugeben. Frauen wie Männer sollten die Möglichkeit haben, Erziehungsaufgabe und Beruf miteinander zu verbinden.
Die Familienpolitik der Bundesregierung trägt dazu bei, die Voraussetzungen für diese Wahlfreiheit zu verbessern. Heute sind es noch überwiegend die Frauen, die die Erziehungsaufgabe in der Familie wahrnehmen. Anerkennung gebührt sowohl Müttern, die sich ganz der Aufgabe der Erziehung und des Haushalts widmen, als auch Müttern, die beides – Haushalt und Beruf – miteinander verbinden. Im Recht der Eltern auf Erziehung ihrer Kinder sieht die Bundesregierung kein vom Staat abgeleitetes, sondern ein originäres Recht der Familien. Die Familienpolitik der Bundesregierung geht davon aus, daß die Familien grundsätzlich zur Erziehung ihrer Kinder in der Lage sind. Um Eltern aber auch die Möglichkeit zu geben, sich auf Familie und Erziehung vorzubereiten und im prakti-

schen Erziehungsalltag im Umgang mit Kindern sicherer zu werden, müssen Angebote der Elternbildung, der Ehe-, Familien- und Erziehungsberatung bereitgestellt werden, die auf den unterschiedlichen Bildungsgrad und die unterschiedlichen sozialen Verhältnisse Rücksicht nehmen. Die Bundesregierung wird ihre Bemühungen zur Stärkung der Erziehungskraft von Eltern durch Entwicklung neuer Formen der Elternbildung fortsetzen.

Wirtschaftliche Hilfen für die Familien sind notwendig, um Eltern von den Kosten zu entlasten, die durch Pflege, Erziehung und Ausbildung der Kinder entstehen. Die Bundesregierung legt dabei besonderes Gewicht auf den Abbau der Belastungen der Mehrkinderfamilie, damit Kinder in diesen Familien keine schlechteren Entwicklungsbedingungen haben. Bei der Fortentwicklung des Familienlastenausgleichs ist anzustreben, Kindergeld, Steuervergünstigungen und kindbezogene Leistungen in den verschiedensten Sozialgesetzen noch besser aufeinander abzustimmen, zu vereinfachen und durchschaubarer zu machen.

Neben Leistungen, die alle Familien erhalten, sind die gezielten Hilfen weiterzuentwickeln, um die Entwicklungschancen von Kindern zu verbessern, die in besonders belasteten Familien (alleinerziehende Eltern mit Kindern, Familien mit behinderten Kindern, sozial besonders benachteiligte Familien, Familien ausländischer Arbeitnehmer usw.) oder in Familien mit erheblichen Erziehungsproblemen leben. Hilfen zur Selbsthilfe haben dabei grundsätzlich Vorrang.

Neben den Hilfen, die den Familien unmittelbar zugute kommen, muß das Familienleben durch eine kinderfreundlichere Gestaltung der Familienumwelt erleichtert werden. Städtebau und Wohnungsbau müssen ebenso dazu beitragen wie die Gestaltung des Arbeitslebens.

Die hohe Priorität, die die Bundesregierung der Familienpolitik einräumt, spiegelt sich in den grundlegenden Reformen und Leistungsverbesserungen für Familien in den letzten Jahren wider.

Erstes Gesetz zur Reform des Ehe- und Familienrechts

Das am 1. Juli 1977 in Kraft getretene Erste Gesetz zur Reform des Ehe- und Familienrechts bekräftigt den Grundsatz der auf Lebenszeit angelegten Ehe. Es gibt beiden Ehegatten Entscheidungsfreiheit, erwerbstätig zu sein, legt aber ausdrücklich fest, daß auf die Belange des jeweils anderen Ehegatten und der Familie Rücksicht zu nehmen ist. Es bestimmt, daß Haushaltsführung und Kindererziehung der Erwerbstätigkeit einschränkungslos gleichstehen. Das neue Eherecht geht davon aus, daß die Ehe eine Partnerschaft Gleichberechtigter und Gleichverpflichteter ist. Damit schützt es Ehe und Familie. Es macht die Ehe weder »leichter kündbar« (so angedeutet in der ausführlichen Darstellung, Abschnitt 3.3.2), noch verstärkt es die Neigung, anstatt einer Ehe eine eheähnliche Verbindung einzugehen (so die Vermutung in der ausführlichen Darstellung, Abschnitt 2.1). Die seit 1970 kontinuierlich abfallende Eheschließungskurve ist nach Inkrafttreten des neuen Scheidungsrechts nicht überproportional abgefallen. Auf der anderen Seite ist auch nicht belegbar, daß das neue Recht Scheidungen in einer Weise erschwert, daß von einer Verringerung der Scheidungsquote ausgegangen werden kann, wie dies in der ausführlichen Darstellung in Abschnitt 5.2.4 angedeutet wird. Die ersten Zahlen lassen vermuten, daß hinsichtlich der Scheidungszahlen voraussichtlich keine Änderungen eintreten werden. Das reformierte Eherecht verbessert die Position des wirtschaftlich schlechter gestellten geschiedenen Ehegatten durch die Regelung, daß der wirtschaftlich schwächere Ehegatte im Fall der Scheidung in einer ganzen Reihe von Fällen Anspruch auf Unterhalt hat. Die während der Ehe erworbenen Ansprüche auf Alterssicherung werden bei der Scheidung gleichmäßig an beide Ehepartner aufgeteilt. Dadurch wird ebenfalls die Leistung der nichterwerbstätigen Ehefrau in Haushalt und Familie als gleichwertiger Beitrag in der Altersversorgung anerkannt.

Neuregelung des Rechts der elterlichen Sorge
Dem gewandelten Verständnis über die Beziehungen zwischen Eltern und Kindern trägt das Gesetz zur Neuregelung des Rechts der elterlichen Sorge vom 18. Juli 1979 (BGBl. I S. 1061) Rechnung. Das Gesetz betrachtet das Eltern-Kind-Verhältnis nicht als Gewaltverhältnis, sondern als Sorgerechtsverhältnis. Eltern nehmen die sich aus ihrer Elternschaft ergebende Verantwortung gegenüber ihren Kindern wahr und haben deshalb das Recht und die Pflicht, für ihre Kinder zu sorgen. Das vom Grundgesetz garantierte Elternrecht (Artikel 6 GG) enthält als wesensbestimmenden Bestandteil die Pflicht zur Pflege und Erziehung des Kindes (Beschluß des Bundesverfassungsgerichts vom 29. Juli 1968, BVerfGE 24/119, 120, 143). Die Grundrechte der Kinder auf Entfaltung der Persönlichkeit und auf Achtung der Menschenwürde müssen bei Regelungen über Pflege und Erziehung beachtet werden. Die gesetzliche Neuregelung des elterlichen Sorgerechts trägt diesen Grundsätzen Rechnung. Sie achtet entsprechend Artikel 6 des Grundgesetzes die Selbstverantwortlichkeit der Familie, schützt und fördert sie.
Die Neuregelung verbessert insbesondere den Schutz gefährdeter Kinder. Sie stellt sicher, daß Kindern wirksam geholfen werden kann, wenn die Eltern eine Gefahr von sich aus nicht abwenden können oder wollen. Pflegekinder sollen davor bewahrt werden, daß sie durch plötzliche Herausnahme aus einer Dauerpflegestelle, in die sie sich eingelebt haben, seelisch geschädigt werden. In Angelegenheiten der Ausbildung und des Berufs sollen die Eltern auf Eignung und Neigung des Kindes Rücksicht nehmen; wenn sie dies nicht tun und dadurch die Besorgnis begründet wird, daß die Entwicklung des Kindes nachhaltig und schwer beeinträchtigt wird, entscheidet das Vormundschaftsgericht. In Verfahren über Angelegenheiten, durch die das Kind unmittelbar betroffen wird, wie z. B. die Sorgerechtsverteilung bei Scheidung der Ehe der Eltern, soll das Kind von der Entscheidung des Gerichts in weiterem Maß als bisher angehört werden.
Auch dem dem Deutschen Bundestag zugeleitete Entwurf eines neuen Jugendhilfegesetzes beinhaltet eine Stärkung der Familie im Erziehungsprozeß des Kindes. Der Entwurf sieht Unterstützungsverpflichtungen für die Erziehung in der Familie vor, die erheblich über das geltende Recht hinausgehen, um den Vorrang des Elternrechts und der Erziehung in der eigenen Familie auch im Leistungsrecht der Jugendhilfe zu verankern.

Verbesserung der Lebensbedingungen der Familie
Durch Verbesserung der Lebensbedingungen der Familie, insbesondere durch zusätzliche wirtschaftliche Familienhilfen, wurden bessere Voraussetzungen für das Leben in der Familie und die Förderung des Bildungsweges der Kinder geschaffen. Das Kindergeld wurde in diesem Jahr erneut angehoben. Ab 1. Januar 1979 erhalten Familien für das 3. und jedes weitere Kind 200 DM monatlich statt bisher 150 DM (seit 1980 220 DM – G. H.). Für das 2. Kind gibt es vom 1. Juli 1979 an 100 DM monatlich statt bisher 80 DM. Damit wird unterstrichen, daß die mit der Reform des Familienlastenausgleichs eingeleitete Politik zur wirtschaftlichen Stärkung der Familien konsequent und gezielt fortgesetzt wird.

Darüber hinaus wurde im Mai 1979 der von der Bundesregierung eingebrachte Gesetzentwurf zur Einführung eines Mutterschaftsurlaubs vom Deutschen Bundestag beschlossen, wonach ein Mutterschaftsurlaub von vier Monaten ab dem 1. Juli 1979 eingeführt wird, der sich an die bisherige Mutterschutzfrist nach der Geburt (acht Wochen) anschließt. Das Gesetz will die im Arbeitsverhältnis stehende Mutter von ihrer Doppelbelastung gerade in einer Zeit entlasten, in der sie noch weiterer Schonung bedarf. Zudem brauchen Arbeitnehmerinnen, die in den ersten Lebensmonaten des Kindes sich ganz seiner Pflege und Erziehung widmen wollen, dann nicht mehr um ihren Arbeitsplatz zu fürchten und werden wirtschaftlich durch einen Lohnersatz in Form von Mutterschaftsgeld weitgehend gesichert. Die Einführung des Mutterschaftsurlaubs wertet die Bundesregierung als eine Verbesserung der Möglichkeit, Berufsarbeit und Kinderpflege stärker in Einklang zu bringen.

Die finanzielle Lage alleinerziehender Elternteile ist durch die Erhöhung des Haushaltsfreibetrags im Steuerrecht von 1200 DM auf 3000 DM jährlich (seit 1. Januar 1982 4212 DM – G. H.) verbessert worden. Um einem häufig beklagten Mißstand entgegenzuwirken, ist durch den im Deutschen Bundestag von den Fraktionen der SPD und der FDP eingebrachten und inzwischen gleichfalls verabschiedeten Gesetzentwurf zur Sicherung des Unterhalts von Kindern alleinstehender Mütter und Väter durch Unterhaltsvorschüsse oder Unterhaltsausfalleistungen (Gesetz zur Sicherung des Unterhalts von Kindern alleinstehender Mütter und Väter durch Unterhaltsvorschüsse oder -ausfalleistungen vom 23. Juli 1979 BGBl. I S. 1184) eine weitere Verbesserung vorgesehen. Mit dem Gesetz soll den Schwierigkeiten begegnet werden, die alleinstehende Elternteile mit ihren Kindern haben, wenn sich ein Elternteil den Zahlungsverpflichtungen gegenüber einem unterhaltsberechtigten Kind entzieht, hierzu ganz oder teilweise nicht in der Lage ist oder ein Elternteil verstorben ist. Das Gesetz sieht vor, daß ausbleibende Zahlungen vom 1. Januar 1980 an aus öffentlichen Mitteln in festgelegten Grenzen übernommen werden.

Auch im Rahmen ihrer Öffentlichkeitsarbeit ist die Bundesregierung bemüht, die Familie im gesellschaftlichen Bewußtsein aufzuwerten, wie z. B. mit der Kampagne »Familie – jeder für jeden«.

2. *Eltern im Spannungsfeld von Familie und Beruf*

2.1 Keine einseitige Aufgabenverteilung festgelegt

Die Bundesregierung ist der Auffassung, daß das Recht auf Berufstätigkeit und Teilnahme am öffentlichen Leben und an der Erfüllung von Aufgaben in Haushalt und Familie Frauen und Männern gleichermaßen zusteht. Das neue Ehe- und Familienrecht hat eine einseitige Aufgabenverteilung beseitigt.

Insofern ist die von der Kommission (Abschnitt 8.1 ihres Berichts) formulierte 3. Prämisse in ihrer Beschränkung auf die Frau unvollständig.

Vielfach werden auch heute noch Aufgaben des Haushalts und der Erziehung entsprechend dem traditionellen Rollenverständnis primär als Sache der Frau angesehen und in erster Linie von Frauen wahrgenommen. Dem entspricht die im Erwerbsleben deutlich schlechtere Situation der Frauen. Es ist deshalb wichtig, überholte einseitige Rollenvorstellungen abzubauen. Die Anregungen der Kommission werden begrüßt, die die Doppelbelastung vieler Frauen durch Beruf und Familie als dringendes Problem herausstellen und Lösungen vorschlagen.

Rollenveränderungen sieht die Bundesregierung aber nicht nur bei den Frauen, sondern auch bei den Männern, deren Familienrolle bisher zu gering eingeschätzt wird.

Viele Mädchen werden vorwiegend auf ihre spätere Familienrolle und Jungen fast ausschließlich auf ihre spätere Berufsrolle hin erzogen. Die Tatsache, daß auch verheiratete Frauen zunehmend erwerbstätig sind, und die sich daraus ergebenden Veränderungen in der Aufgabenverteilung zwischen Männern und Frauen auch in der Familie, insbesondere die Notwendigkeit einer verstärkten Beteiligung der Väter an der Kinderbetreuung, wird zu wenig erkannt und anerkannt und deshalb unterbewertet. Die Bundesregierung versucht, durch Öffentlichkeitsarbeit und Förderung von Elternbildung die Voraussetzung für eine dem Ziel der Chancengleichheit entsprechende Erziehung zu schaffen. In diesem Zusammenhang begrüßt die Bundesregierung den Vorschlag der Kommission, Fragen der Erziehung und des partnerschaftlichen Zusammenlebens in Ehe und Familie im Unterricht mitzubehandeln.

2.2 Aufgaben in der Familie für Männer und Frauen

Die gesellschaftlichen Bedingungen müssen so gestaltet werden, daß Männer ebenso wie Frauen in der Lage sind, Aufgaben der Familie wahrzunehmen (so auch die Kommission im zusammenfassenden Bericht). Das bedeutet vor allem auch eine Umgestaltung der Arbeitswelt, die in ihren Strukturen und Abläufen stärker auf familiäre Belange Rücksicht nehmen muß. Die Bundesregierung hat mit der Möglichkeit der Beurlaubung erwerbstätiger Väter oder Mütter zur Pflege erkrankter Kinder sowie der Beurlaubung oder Teilzeitbeschäftigung aus familiären Gründen für Männer und Frauen im Öffentlichen Dienst wichtige Schritte in diese Richtung unternommen.

Damit Männer und Frauen Beruf und Familie besser miteinander vereinbaren können, hält die Bundesregierung eine Ausdehnung und Verbesserung des Kinderbetreuungsangebots – auch in der Nähe der Arbeitsstätten – und eine Änderung der Arbeitszeiten für bedeutsam. Eine veränderte, stärker auf Familienbelange ausgerichtete Arbeitsorganisation würde es Eltern erleichtern, die Kinderbetreuung weitgehend selbst zu übernehmen, ohne daß dabei ein Elternteil auf Erwerbstätigkeit verzichten muß.

3. *Zur wirtschaftlichen Lage der Familien*

3.1 Einkommensverhältnisse von Familien

Die Aussagen des Dritten Familienberichts zu den Einkommensverhältnissen von Familien gewähren nur begrenzt Aufschluß und stützen sich im wesentlichen auf die Einkommens- und Verbrauchsstichprobe von 1973. Dies liegt sicher daran, daß auf diesem Gebiet die statistische Datenlage generell unbefriedigend ist. Insgesamt gesehen haben sich die Realeinkommen der Familienhaushalte auch in den zurückliegenden, wirtschaftlich schwierigen Jahren verbessert. Dies ist auch ein Erfolg der Stabilitätspolitik der Bundesregierung.

Die Bundesregierung weiß jedoch, daß die wirtschaftliche Lage von jungen Familien, von kinderreichen Familien, von alleinerziehenden Vätern und Müttern sowie Familien mit besonders niedrigem Einkommen auch heute noch zum Teil unbefriedigend ist. Bei niedrigem Familieneinkommen sind häufig beide Eltern gezwungen, erwerbstätig zu sein, um den Unterhalt der Familie zu sichern. Bei alleinerziehenden Vätern und Müttern weisen der relativ hohe Erwerbstätigkeitsanteil mit relativ niedrigem durchschnittlichen Arbeitseinkommen und eine starke Inanspruchnahme staatlicher Hilfen auf Schwierigkeiten bei der Sicherung des Lebensunterhalts der Familie hin. Bei Familien mit mehreren Kindern sinkt das verfügbare Pro-Kopf-Einkommen für Eltern und Kinder mit steigender Kinderzahl trotz öffentlicher Leistungen ab. Bei jungen Familien führen entweder die Unterbrechung der Erwerbstätigkeit von Vätern oder Müttern nach der Geburt eines Kindes oder – bei Fortführung der Erwerbstätigkeit – zusätzliche Kosten der Kinderbetreuung häufig zu einer angespannten wirtschaftlichen Lage.

Die 1978 und 1979 von Bundesregierung und Bundestag beschlossenen zusätzlichen Leistungen für die Familien sollen nicht zuletzt diesen Familien helfen.

Gerade die Einkommenssituation von Mehr-Kinder-Familien hat sich gegenüber dem Berichtszeitraum der Sachverständigenkommission durch gezielte staatliche Leistungen, insbesondere Anfang 1975 durch die Reform des Familienlastenausgleichs und 1978 durch eine Kindergelderhöhung verbessert. Berechnungen des Bundesministeriums für Jugend, Familie und Gesundheit auf der Grundlage des durchschnittlichen Arbeitnehmereinkommens zeigen, daß das verfügbare Einkommen der Familien mit Kindern im Vergleich zu dem kinderloser Ehepaare zwischen 1973 und 1978 stärker angestiegen ist. Infolgedessen hat sich auch die von der Sachverständigenkommission aufgezeigte Relation des monatlichen Pro-Kopf-Einkommens zugunsten der Mehr-Kinder-Familien verändert.

Die Kindergelderhöhungen des Jahres 1979 verbessern erneut die Einkommen der Familien mit mehreren Kindern. Die monatlichen Kindergeldbeträge für eine Familie mit drei bzw. vier Kindern lagen seit dem 1. Januar 1975 bei DM 240 bzw. DM 360 und seit dem 1. Januar 1978 bei DM 280 bzw. DM 430. Heute erhält die Familie mit drei Kindern DM 350 und die Familie mit vier Kindern DM 550 (1982: 370 bzw. 590 DM – G. H.).

Die Leistungen der öffentlichen Hand für Familien werden von der Sachverständigenkommission mit globalen Zahlen dargestellt. Damit werden wichtige bisher nicht greifbare Daten bereitgestellt; derartige Berechnungen sollten freilich künftig durch eine differenzierte Darstellung der Umverteilungswirkungen – z. B. an Hand typischer Einzelbeispiele – weitergeführt und bewertet werden.

3.2 Ausgaben für Kinder

Über die Entwicklung der Lebenshaltungskosten von Kindern herrscht in der öffentlichen Diskussion Unklarheit. Dies liegt sowohl an der Unvollständigkeit der statistischen Information wie an unterschiedlichen Berechnungsmethoden. Hier müssen weitere Untersuchungen angestellt werden. Die von der Sachverständigenkommission im Dritten Familienbericht vorgenommenen oder wiedergegebenen, im Ergebnis teilweise voneinander abweichenden Berechnungen der Aufwendungen für Kinder können hier bereits zu einer Versachlichung der Diskussion beitragen.

3.3 Armutsbegriff

Die Sachverständigenkommission hat den Begriff der Armut sehr weit interpretiert. Die Bundesregierung kann diesem Armutsbegriff nur teilweise zustimmen.

Die Kommission unterscheidet zwischen primärer Armut (nicht gesichertes physisches Existenzminimum), sekundärer Armut (die in allen Einkommensschichten mögliche subjektive Wertung, daß der tatsächliche Lebensstandard dem als angemessen angesehenen nicht entspricht) und tertiärer Armut (das Unterschreiten eines sozial- und gesellschaftspolitisch bestimmten Mindestlebensstandards). Die Bundesregierung teilt mit der Sachverständigenkommission die Auffassung, daß in der Bundesrepublik Deutschland die Absicherung sowohl der Grundbedürfnisse des Lebens wie des sozialkulturellen Mindestbedarfs durch das Netz der sozialen Sicherung insgesamt gewährleistet ist. Auch nach Auffassung der Bundesregierung ist es unerwünscht, daß Familien mit ihrem verfügbaren Einkommen unter das Sozialhilfeniveau absinken. Die Sachverständigenkommission meint, daß dies bei Familien in unteren Einkommensgruppen mit steigender Kinderzahl vermehrt der Fall sei.

Aber gerade die Einschätzung, daß Mehr-Kinder-Familien – besonders in den unteren Einkommensgruppen – einer verstärkten wirtschaftlichen Hilfe bedürfen, hat die Bundesregierung dazu veranlaßt, den Familienlastenausgleich für das zweite, dritte und weitere Kinder 1978 und 1979 entscheidend zu verbessern.

Wenig sinnvoll erscheint ein Armutsbegriff, der auf subjektive Vorstellungen abhebt. Einen Mangel empfinden bzw. sich »arm« fühlen und »arm« sein, sind zwei verschiedene Dinge. In der sozialpolitischen Diskussion sollte mit dem Begriff der sekundären Armut daher nicht operiert werden.

Die Absicherung in Notlagen garantiert das System der sozialen Sicherung, die Sozialhilfe. Sie sichert den Mindestlebensunterhalt derer, die dauernd auf Hilfe angewiesen sind, und will gleichzeitig Hilfe zur Selbsthilfe leisten. In den letzten Jahren sind sowohl die Leistungen der Sozialhilfe beträchtlich erhöht als auch die Zahl der Leistungsempfänger ausgeweitet worden. Aus diesen Verbesserungen zu schließen, daß mehr Leute »arm« geworden seien, bedeutet eine Verkennung der Zusammenhänge. Wenn der Lebensunterhalt in Einzelfällen unter dem Sozialhilfeanspruch liegt, so ist das auf den Verzicht auf die Sozialhilfe oder auch auf Unkenntnis über die bestehenden Ansprüche zurückzuführen. Die Bundesregierung wird sich weiter darum bemühen, die Bürger über ihre Rechte aufzuklären.

Ein Sonderproblem ist die Sicherung des Lebensunterhalts verwitweter Frauen, die bisher vielfach – insbesondere bei Heimunterbringung – trotz Leistungen aus der gesetzlichen Rentenversicherung auf ergänzende Sozialhilfeleistungen angewiesen sind. Zu dieser grundsätzlichen Frage der sozialen Sicherung der Frau wird in Abschnitt 3 Stellung genommen.

3.4 Kritik der Wohlstandsgesellschaft

Trotz einer Reihe gegenteiliger Anhaltspunkte gelangt die Sachverständigenkommission zu dem Ergebnis, daß sich die Familienhaushalte nur bedingt den marktwirtschaftlichen Spielregeln gewachsen zeigen, ihre Bedürfnisse überlegt decken; sie unterliegen einer durch Leistungs- und Konsumdruck ausgelösten Spannung, die sie nur zum Teil bewältigen könnten. Eine solche verkürzte Kritik der Konsumgesellschaft birgt nach Auffassung der Bundesregierung die Gefahr in sich, angesprochene Probleme von Familien eher zuzudecken, als sie zu lösen.

Wenn, wie die Sachverständigenkommission feststellt, über 90 % der Bürger nach mehr Lebensqualität vor allem im nichtmateriellen Bereich streben, zeigt dies auch die Mündigkeit einer Gesellschaft gegenüber der Prägung durch Konsumnormen. Die von der Sachverständigenkommission selbst vorgestellten Fakten unterstreichen dies. Die durchschnittliche Verschuldung von Familienhaushalten, auch derjenigen mit mehreren Kin-

dern, ist gering. Sie wird zudem von der durchschnittlichen Sparleistung der Familienhaushalte bei weitem übertroffen.
Dies trifft in geringem Maße sogar für junge Familienhaushalte zu. Die Sparquote erhöht sich mit wachsendem Wohlstand. Bei den festgestellten Sparzielen nehmen die »Vorsorge gegen Notfälle« bei knapp der Hälfte und die »Sicherung der Altersversorgung« bei gut einem Viertel der befragten Familienhaushalte die höchsten Ränge ein.

4. Geburtenrückgang und Bevölkerungsprozeß

Der Geburtenrückgang – ein Phänomen, das in Deutschland und in anderen europäischen Industrieländern seit etwa 100 Jahren zu beobachten ist – hat in der Bundesrepublik Deutschland zu einer rückläufigen Bevölkerungsentwicklung geführt. Die Bundesregierung beobachtet diese Entwicklung mit großer Aufmerksamkeit und ist sich der daraus folgenden Probleme bewußt.
Sie stimmt der von der Kommission in diesem Zusammenhang erhobenen Forderung zu, daß Kinderwünsche von Eltern erfüllbar sein sollen und es ein grundlegendes Recht der Paare ist, sich für Kinder zu entscheiden.

Berücksichtigung der demographischen Entwicklung
Die Bundesregierung hat sich schon in der Vergangenheit bereits eingehend mit den Tatbeständen, Ursachen und Auswirkungen des Geburtenrückgangs befaßt. In diesem Zusammenhang wird auf die ausführlichen Stellungnahmen verwiesen, die in den beiden Antworten der Bundesregierung auf die Kleinen Anfragen der Opposition zur langfristigen Bevölkerungsentwicklung sowie zur langfristigen Sicherung des Generationsvertrages in der Alterssicherung im Zusammenhang mit der Geburtenentwicklung (vgl. Drucksache 8/680 vom 24. Juni 1977 und Drucksache 8/1982 vom 10. Juli 1978) abgegeben wurden.
Die Bundesregierung geht davon aus, daß die Bevölkerungsentwicklung und Verschiebungen in der Altersschichtung der Gesellschaft bei politischen Entscheidungen von Bund, Ländern und Gemeinden zunehmend berücksichtigt werden müssen. Sie hält es für notwendig, die Erforschung der Ursachen der Bevölkerungsentwicklung verstärkt fortzusetzen und Analysen der Auswirkungen auf Staat, Wirtschaft und Gesellschaft zu erstellen.
Die Entscheidung für ein Kind ist eine persönliche Angelegenheit, in die der Staat nicht unmittelbar eingreifen darf.
Die Bundesregierung hält es allerdings für notwendig, eine kinderfreundlichere Umwelt zu schaffen und die Lebensbedingungen für Familien zu verbessern. Dies bleibt eines der wichtigsten Ziele der Bundesregierung. Die familienpolitischen Leistungen und Vorhaben, auf die in dieser Stellungnahme mehrfach hingewiesen ist, werden um des Wohles der Familien und ihrer einzelnen Mitglieder willen betrieben. Das schließt nicht aus, daß von solchen Maßnahmen auch Wirkungen auf die Geburtenentwicklung ausgehen können.
Die Bundesregierung hat durch Kabinettsbeschluß vom 15. November 1978 zwei interministerielle Arbeitsgruppen eingerichtet, und zwar eine »Arbeitsgruppe für Bevölkerungsfragen« unter dem Vorsitz des Bundesministers des Innern und eine weitere »Arbeitsgruppe für Familie und kinderfreundliche Umwelt« unter dem Vorsitz des Bundesmi

nisters für Jugend, Familie und Gesundheit. Für die Arbeit beider Arbeitsgruppen werden die von der Sachverständigenkommission vorgelegten Ergebnisse nützlich sein.

5. *Familienpolitik und Bildungspolitik*

5.1 Familie und Erziehung
Die Bundesregierung stimmt der Kommission zu, wenn diese die Notwendigkeit einer Verklammerung familienpolitischer und bildungspolitischer Maßnahmen betont. Familienpolitik und Bildungspolitik dürfen – darauf weist die Sachverständigenkommission zu Recht hin – in keinem Gegensatz zueinander stehen. Dies ist nach Auffassung der Bundesregierung auch nicht der Fall. Erziehung und Bildung in Familie und Bildungswesen müssen sich im Interesse des Kindes ergänzen.
Im Laufe der Geschichte haben sich die Aufgaben der Familie mehrfach verändert. Die Familie hat aber nichts von ihrer zentralen Bedeutung für die Gesellschaft eingebüßt. Auch die heutige Familie sieht nach wie vor ihre vorrangige Aufgabe in der Erziehung ihrer Kinder; sie setzt die Erziehungsziele und beeinflußt darüber hinaus entscheidend den Bildungsweg der Kinder.

5.2 Wirkungen der gestiegenen Bildungsbeteiligung
Die Entwicklung und die Reform des Bildungswesens in den letzten Jahren werden von der Sachverständigenkommission teilweise widersprüchlich beurteilt. Nach Meinung der Bundesregierung haben Ausbau und Reform des Bildungswesens in den 60er und 70er Jahren die Bildungschancen des einzelnen stetig verbessert und dazu beigetragen, sein Recht auf eine qualifizierte Bildung zu verwirklichen, insbesondere den Zugang zur beruflichen Bildung und zum Studium zu erleichtern. Sozial bedingte Benachteiligungen im Bildungswesen wurden weiter abgebaut. Die Schaffung eines umfangreichen Ausbildungsförderungssystems durch das Bundesausbildungsförderungsgesetz und die Lernmittelfreiheit in vielen Bundesländern haben zusammen mit anderen Leistungen eine spürbare finanzielle Entlastung der Familie gebracht und damit die Bildungschancen für alle entscheidend verbessert. Der Ausbau der Förderung im Vorschulbereich, die Ausweitung und Verbesserung des pädagogischen Angebotes – heute können zwei von drei Kindern unter sechs Jahren dieses nutzen – sind eine wichtige Grundlage für die weitere Bildung.
Die Bildungsgänge sind insgesamt vielfältiger und durchlässiger geworden. So können Schule und Berufsbildung besser auf die individuellen Interessen und Fähigkeiten eingehen.
Dennoch ist die Bildungsbeteiligung insbesondere von Kindern aus sozial schwachen Bevölkerungsgruppen sowie von Ausländerkindern noch nicht zufriedenstellend.

5.3 Verhältnis von Bildungs- und Beschäftigungssystem
Zunehmend werden in den Bildungsgängen stärker die Bedingungen der Arbeitswelt berücksichtigt und die Jugendlichen besser auf die Berufswahl vorbereitet. Zugleich hat sich die Bedeutung einer erweiterten Grundbildung für die Entwicklung der Persönlichkeit und die soziale Entfaltung des einzelnen verstärkt. Dabei werden auch erweiterte Fähigkeiten, z. B. im sprachlichen und sozialen Bereich, ebenso wie musisch-kulturelle Fähigkeiten

entwickelt. Hinzuweisen ist hier auch auf den Ausbau der beruflichen Grundbildung, die in die Ausbildungsförderung einbezogen worden ist.

Qualifikationen im Bildungswesen können nicht ausschließlich unter dem Aspekt der Anforderungen des Beschäftigungssystems gesehen werden, wie es einige Formulierungen der Sachverständigenkommission anzudeuten scheinen. Bildung dient einer umfassenden Vorbereitung auf alle Lebensbereiche – Arbeit, gesellschaftliche Aktivitäten, Familie und Freizeitaktivitäten – und muß die Bereitschaft und Fähigkeit zum lebenslangen Lernen fördern.

Die Verbesserung der Bildungschancen der jüngeren Generation ist nicht auf den allgemeinbildenden Bereich beschränkt. Die Bundesregierung hat in den vergangenen Jahren erhebliche Anstrengungen unternommen, um die berufliche Bildung zu einem Schwerpunkt bildungspolitischer Reformen – gleichgewichtig neben der allgemeinen Bildung – zu machen. Sie möchte damit Haupt- und Realschülern günstigere Startbedingungen für den Berufseintritt und das weitere Berufsleben verschaffen.

Die Bundesregierung stimmt der Feststellung der Sachverständigenkommission zu, daß immer noch ein deutlicher Zusammenhang zwischen der sozialen Herkunft (Familienzugehörigkeit) und den Ausbildungs- bzw. Berufschancen besteht. Eine qualifizierte Berufsausbildung stärkt die Entwicklung der Persönlichkeit und soziale Entfaltung des einzelnen, erhöht die Chancen, in das Erwerbsleben integriert zu werden, und verbessert die sozialen und materiellen Bedingungen auch für junge Familien.

Die Bundesregierung verkennt nicht, daß es beim Übergang vom Bildungs- in das Beschäftigungssystem aus strukturellen und konjunkturellen Gründen und wegen des zeitweise stark steigenden Angebots an Arbeitskräften aufgrund von besonders starken Geburtsjahrgängen zu Anpassungsschwierigkeiten kommen kann. Um den Übergang zu erleichtern, hat die Bundesregierung bereits eine Reihe von arbeitsmarktpolitischen Instrumenten geschaffen. Sie hilft darüber hinaus in Zusammenarbeit mit den Ländern durch ein erhöhtes Angebot von Umschulungs- und Fortbildungsmaßnahmen, durch Eingliederungshilfen etc. dem einzelnen den Übergang in eine Beschäftigung zu erleichtern.

Die Bundesregierung geht davon aus, daß es keine vollständige Anpassung von Bildungs- und Beschäftigungssystem geben kann. Der Bedarf des Arbeitsmarktes ist – nach Berufsfachrichtungen und Qualifikationen gegliedert – langfristig nicht vorhersehbar. Aber auch unter verfassungsrechtlichen Gesichtspunkten wäre es problematisch, den Abschlüssen und Zugangsvoraussetzungen im Bildungswesen Steuerungsfunktionen zuzuweisen (vgl. das verfassungsrechtlich verbriefte Grundrecht auf freie Wahl von Ausbildungsstätte und Beruf). Die Bundesregierung ist jedoch bemüht, den Übergang vom Bildungs- in das Beschäftigungssystem für den einzelnen zu erleichtern. Voraussetzung ist eine breitangelegte Grundbildung sowie eine qualifizierte berufliche Erstausbildung für möglichst alle Jugendlichen.

5.4 Verbesserung der Bildungschancen

Die Sachverständigenkommission weist darauf hin, daß durch die Ausweitung des Bildungswesens zwar mehr Jugendliche qualifizierte Bildungsabschlüsse erwerben konnten, diese aber in der späteren Berufspraxis nur teilweise zum Tragen kam. Nach Meinung der Bundesregierung ist die erhöhte Bildungsbeteiligung eindeutig positiv zu werten. Die

Entwicklung des Bildungswesens in den letzten Jahren hat zu einer Aufweichung der früher starren »Bildungspyramide« geführt. Damit haben die Bildungs- und Berufschancen unabhängig von der sozialen Herkunft zugenommen.

So hat sich z. B. der Anteil von Kindern aus Arbeiterfamilien an den Hochschulen von 1966 bis 1976 (vor allem auch wegen der Einführung des Bundesausbildungsförderungsgesetzes) fast verdoppelt. Es besteht allerdings noch immer ein starkes Mißverhältnis zwischen ihrem Anteil an der Gesamtbevölkerung und ihrer Beteiligung an höher qualifizierenden Bildungsgängen. Auf fast allen Stufen des Bildungssystems sind aber Übergänge in Richtung weiterführender Bildungsangebote möglich geworden.

Im Vergleich 1965 bis 1975 zeigt sich, daß von zwölf Millionen Kindern, die 1975 eine Schule besuchten, aufgrund der gestiegenen Bildungsbeteiligung 1,5 Millionen mehr auf dem Weg zu einem mittleren Abschluß waren und 300 000 mehr in der Oberstufe des Gymnasiums als 1965 (wie die Bundesregierung in ihrer Antwort auf die Große Anfrage der Fraktionen der SPD, FDP Drucksache 8/1703 vom 13. April 1978 ausgeführt hat). Das zeigt, daß – aufgrund gestiegender Bildungswünsche, des gleichzeitigen Ausbaus des Bildungswesens und der finanziellen Unterstützungen – mehr Familien ihre Kinder in weiterführende Bildungseinrichtungen schicken konnten. Dasselbe gilt für die berufliche Bildung. Noch nie haben so viele Jugendliche eine Ausbildung im dualen System (Verbindung von betrieblicher und schulischer Ausbildung) und an beruflichen Vollzeitschulen begonnen. Der Anteil der Jugendlichen, die unmittelbar nach der Pflichtschulzeit ohne Ausbildung in das Arbeitsleben eintreten, konnte stark gesenkt werden. In der Bundesrepublik Deutschland konnte dadurch die Jugendarbeitslosigkeit in Grenzen gehalten werden.

5.5 Verwirklichung von Chancengleichheit im vorschulischen Bereich

Chancengleichheit ist ein bildungspolitisches, aber auch ein familienpolitisches Ziel. Die Kindergartenarbeit muß vor allem die Erfahrungen der Kinder in ihrer Familie und im täglichen Leben berücksichtigen und damit konkrete Lernanreize schaffen, wenn die durch die wirtschaftlichen, sozialen und kulturellen Unterschiede zwischen den Familien bedingten Benachteiligungen für Kinder im Bildungssystem überwunden werden sollen.

Die Erfahrungen aus Modell- und Forschungsprojekten im schulischen und vorschulischen Bereich, auf die auch die Sachverständigenkommission mehrfach verweist, zeigen, daß sich Bildungs-, Familien- und Sozialpolitik frühzeitig und kontinuierlich um diese Kinder und ihre Eltern bemühen und ihnen Hilfen anbieten müssen.

Eine Erziehung ohne den Beitrag der Familie führt zu höchst unvollkommenen Ergebnissen; aber die Erziehungsfähigkeit und die Erziehungsmöglichkeiten unterscheiden sich zwischen den einzelnen Familien erheblich. Das Bildungswesen muß deshalb verstärkt dazu beitragen, daß auch außerhalb der Bildungseinrichtungen die Erziehungsfähigkeit der Familie gestärkt wird (z. B. durch Beratung und Bildungsangebote für die Eltern, Elternprogramme der Medien, Eltern-Kind-Seminare, Bildungsurlaub). Besondere Hilfen brauchen Familien mit behinderten Kindern und ausländische Familien. Den Beratungsdiensten kommt hier u. a. die wichtige Aufgabe zu, zwischen den Eltern und den Bildungseinrichtungen zu vermitteln, sich intensiv um Problemgruppen und die Sicherung von Förderungsmöglichkeiten im Bildungswesen zu bemühen.

5.6 Forschungsschwerpunkt: Familie – Bildung
Der Vorschlag der Sachverständigenkommission, im Rahmen des Schwerpunktes »Familie und Bildung« die Fragen des Verhältnisses zwischen Erziehung in der Familie und Erziehung im Bildungswesen genauer zu untersuchen, steht in Übereinstimmung mit vielfältigen Bemühungen der Bundesregierung in diesem Bereich. Es geht dabei auch darum, das gesamte, die Erziehung in Familie und Bildungswesen beeinflussende Umfeld zu erfassen.

5.7 Eingliederung ausländischer Familien
Die Kinder ausländischer Arbeitnehmer und die jugendlichen ausländischen Arbeitnehmer stehen in den für sie fremden sozialen und kulturellen Verhältnissen vor besonderen, von ihnen oft nicht zu meisternden Problemen. Viele stammen aus Verhältnissen, die nicht vom Wohlstand, sondern vom Kampf um die Existenz geprägt sind; für sie bedeutet die Tätigkeit in der Bundesrepublik Deutschland die erste Erfahrung mit dem städtischen Leben in einer Industriegesellschaft. Die Eltern stehen oft unter starkem Leistungsdruck – zum Teil sind Vater und Mutter erwerbstätig – und haben daher häufig zu wenig Zeit für die Erziehung ihrer Kinder. Insbesondere infolge des in den Heimatländern wirksamen Rollenverständnisses sind die Schwierigkeiten für ausländische Mädchen besonders groß. Nach wie vor hat der überwiegende Teil der ausländischen Kinder, die ins erwerbsfähige Alter eintreten, keinen Hauptschulabschluß. Die Hauptgründe hierfür sind Sprachschwierigkeiten, mangelnde Integration in das deutsche Schulsystem, Nichtbeachtung der Schulpflicht und Nachzug zu einem zu späten Zeitpunkt. Die reibungslose Einbeziehung dieser jungen Menschen in das berufliche Leben der Bundesrepublik Deutschland ist schon aus diesen Gründen nicht gewährleistet.
Auch nach dem Ende der allgemeinen Schulpflicht ist daher ein Ausgleich von Sprach- und Bildungsdefiziten erforderlich. Ebenso müssen während der Ausbildung bei auftretenden Schwierigkeiten gezielte Hilfen geleistet werden. Daneben sind die Aufklärung ausländischer Eltern und Jugendlicher über die Bedeutung einer Berufsausbildung und die verstärkte Motivation der Betriebe zur Ausbildung von ausländischen Jugendlichen wichtig.
Die Integration der ausländischen Familien und insbesondere der Kinder wird entscheidend durch Sprach- und Bildungsdefizite erschwert. In den vergangenen Jahren sind unter starker Beteiligung des Bundes eine Reihe von Maßnahmen mit dem Ziele entwickelt und verstärkt worden, entsprechende Hürden abzubauen. Erwähnt seien die außerschulische Betreuung von Ausländerkindern in Form von Hausaufgabenhilfen (z. Z. etwa 18 000 Teilnehmer), das Programm zur sozialen und beruflichen Eingliederung arbeitsloser ausländischer Jugendlicher ohne Hauptschulabschluß (1979/80 voraussichtlich bis zu 6000 Teilnehmer), die inzwischen auch für ausländische Jugendliche geöffneten sprachlichen und beruflichen Ausländerfortbildungsmaßnahmen (z. Z. ca. 10 000 Teilnehmer) und die Förderung des Ausländersprachunterrichts (1979 voraussichtliche Erweiterung auf 40 000 Teilnehmer). Darüber hinaus wurden durch zahlreiche vom Bundesministerium für Bildung und Wissenschaft geförderte Modellvorhaben die Grundlagen für eine bessere Integration ausländischer Kinder und Jugendlicher in das deutsche Bildungssystem geschaffen.
Der Gefahr der Isolierung der ausländischen Kinder und Jugendlichen muß auch im Rahmen der außerschulischen Jugendarbeit in vermehrtem Umfang entgegengewirkt wer-

den. Den jungen Ausländern müssen durch geeignete sozialpädagogische Hilfen bessere Möglichkeiten geboten werden, sich im Gastland ihren Anlagen entsprechend zu entwickeln. Es sollten mehr Angebote der Begegnung mit deutschen Kindern und Jugendlichen eröffnet werden.

Wichtig ist, den jungen Menschen und ihren Angehörigen eine auf ihre Probleme abgestellte umfassende, individuelle sozialpädagogische Beratung anzubieten und den jungen Ausländern vermehrt die Teilnahme an Sprach-, Informationskursen, Ferienfreizeiten, Freizeitaktivitäten in Jugendzentren, Jugendclubs, multinationalen Kindertagesstätten sowie Lern- und Spielkreisen anzubieten. Entsprechend werden derzeit auch im Rahmen der Sozial- und Beratungsdienste für Ausländer (530 Beratungsstellen und 670 Sozialarbeiter) die Aktivitäten für die zweite und dritte Ausländergeneration verstärkt. Außerdem sollten die Bemühungen der Jugendverbände, die ausländischen Kinder und Jugendlichen in ihre Jugendgruppenarbeit aufzunehmen, verstärkt werden.

Im übrigen ist zu sagen, daß die Ausführungen der Kommission zur aufenthaltsrechtlichen Lage ausländischer Arbeitnehmer und ihrer Familien mittlerweile überholt sind. Die angeführte Zuzugsregulierung für ausländische Arbeitnehmer in überlasteten Siedlungsgebieten ist auf eine entsprechende Empfehlung des Bundesministers für Arbeit und Sozialordnung vom Juni 1977 von allen Bundesländern längst aufgehoben worden.

Die von der Bundesregierung eingebrachte Änderung der Allgemeinen Verwaltungsvorschrift zum Ausländergesetz vom 7. Juli 1978 (GMBl. S. 386), die am 1. Oktober 1978 in Kraft getreten ist, bringt eine wesentliche Verbesserung des Aufenthaltsrechts für ausländische Arbeitnehmer und ihre Familien. Danach ist regelmäßig bereits nach fünf Jahren eine unbefristete Aufenthaltserlaubnis und nach acht Jahren eine Aufenthaltsberechtigung zu erteilen. Durch diese schrittweise Verfestigung des aufenthaltsrechtlichen Status wird eine sichere Rechtsgrundlage für eine längerfristige Planung des Lebens in der Bundesrepublik Deutschland geschaffen.

Der Nachzug von Ehegatten und minderjährigen Kindern ausländischer Arbeitnehmer ist durch Beschlüsse der Innenministerkonferenz aus dem Jahre 1965 geregelt worden. In diesem Rahmen findet der Familiennachzug auch nach dem Anwerbestop vom November 1973 uneingeschränkt statt. Entgegen den Erwartungen in dem Bericht sind auch von der »Bund-Länder-Kommission zur Fortentwicklung einer umfassenden Konzeption der Ausländerbeschäftigungspolitik« Einschränkungen des Familiennachzugs von Ehegatten oder minderjährigen Kindern nicht beschlossen oder angeregt worden.

Die Arbeitsmarktzugangssperren für im Wege des Familiennachzugs nach dem 30. November 1974 eingereiste Ehegatten und nach dem 31. Dezember 1976 als Minderjährige eingereiste Kinder ausländischer Arbeitnehmer aus Nicht-EG-Staaten (Stichtagsregelungen) sind inzwischen von einer individuellen Wartezeitenregelung abgelöst worden.

Ein Beauftragter der Bundesregierung für die Integration der ausländischen Arbeitnehmer und ihrer Familienangehörigen nimmt seit Ende 1978 die Aufgabe wahr, die Kooperation mit allen an der Eingliederungs- und Betreuungsarbeit beteiligten Stellen, aber auch die Zusammenarbeit mit den Regierungen der Herkunftsländer ausländischer Arbeitnehmer zu festigen und weiter zu entwickeln.

Abschnitt 3
Stellungnahme zu Maßnahme-Empfehlungen der Sachverständigenkommission

1. Verbesserung der Betreuungssituation von Kindern innerhalb und außerhalb der Familie

Erziehungsgeld

Zu der von der Sachverständigenkommission erhobenen Forderung nach Anerkennung der Erziehungsleistung der Familie durch öffentliche finanzielle Leistungen während der ersten Lebensjahre des Kindes hat die Bundesregierung mehrfach, so z. B. in der Stellungnahme zum Zweiten Familienbericht als auch in ihrer Antwort auf die Kleine Anfrage zur »Langfristigen Bevölkerungsentwicklung« vom 24. Juni 1977 (Drucksache 8/680), Stellung genommen.

Mutterschaftsurlaub

Die Bundesregierung hat im Rahmen ihrer konjunktur- und wachstumspolitischen Entscheidungen auch aus sozial- und familienpolitischen Gründen die Einführung eines Mutterschaftsurlaubs von vier Monaten im Anschluß an die Mutterschutzfrist beschlossen. Diese Erweiterung des Mutterschutzes ermöglicht es auch der erwerbstätigen Mutter, sich im ersten halben Jahr nach der Geburt ganz ihrem Kind zu widmen. Ihr Arbeitsplatz bleibt ihr erhalten. Es wird ein Lohnersatz bis zu 775 DM netto im Monat gezahlt. Darüber hinaus bleibt sie beitragsfrei in der Renten-, Kranken- und Arbeitslosenversicherung versichert. (Gesetz zur Einführung eines Mutterschaftsurlaubs vom 25. Juni 1979 BGBl. I S. 797)

Verbesserung der Familienumwelt

Der Sachverständigenkommission ist zuzustimmen, daß materielle Ausgleichszahlungen die Bereitschaft, Kinder zu akzeptieren und für sie Verpflichtungen und Opfer auf sich zu nehmen, zwar positiv verstärken, aber nicht wecken werden. Neben einer familienfreundlichen Gestaltung des Arbeitslebens, das Frauen und Männern die Möglichkeit bietet, Haushaltsführung, Kindererziehung und Erwerbsbetätigung partnerschaftlich zu bewältigen, müssen die gesellschaftlichen Bedingungen für Familien im Sinne von 'mehr Kinderfreundlichkeit verbessert werden.

Dazu gehört auch ein Angebot für die Pflege und Erziehung von Kindern außerhalb der eigenen Familie. Um Familien mehr Möglichkeiten zu geben, ihr Leben nach eigenen Leitvorstellungen über Kindererziehung zu gestalten, müssen bestehende Formen der Erziehung außerhalb der Familie auch danach beurteilt werden, ob sie den Ansprüchen an eine qualifizierte, Chancengleichheit sichernde Erziehung genügen. Dies gilt besonders für die Erziehung und Betreuung von Kindern in den ersten Lebensjahren, weil das Kind in diesem Lebensabschnitt in besonderem Maße ein enges emotionales Verhältnis zu konstanten Bezugspersonen benötigt, um Vertrauen in seine Umwelt zu gewinnen.

Tagesbetreuung außerhalb der Familie

In den letzten Jahren ist im Auftrag des Bundesministers für Jugend, Familie und Gesundheit insbesondere untersucht worden, wie durch Tagesbetreuung außerhalb der eigenen Familie Kinder so betreut werden können, daß sie – ähnlich wie in der eigenen Familie – Geborgenheit, Sicherheit und Schutz finden. Der inzwischen abgeschlossene Modellversuch »Tagesmütter« hat gezeigt, daß die Betreuung von Kindern in Tagespflegestellen vor allem dann keine nachteiligen Auswirkungen auf die Entwicklung des Kindes hat, wenn den Pflegeeltern ein ausreichendes Beratungsangebot und Möglichkeiten der Eltern- und Familienbildung zur Verfügung stehen. Die Diskussion um das »Tagesmüttermodell« hat zu mehr Problembewußtsein geführt. Es hat die Bereitschaft verstärkt, diese Betreuungsform auszuweiten und zu verbessern.

Durch ein neues Modell, das zusammen mit Ländern und Gemeinden durchgeführt wird, soll die Betreuung von Kindern in Pflegestellen (Dauer- und Tagespflege) gefördert werden.

Andere Familien bevorzugen die Betreuung von Kindern in Kinderkrippen. Der Bundesminister für Jugend, Familie und Gesundheit läßt im Zusammenhang mit der wissenschaftlichen Begleitung des Tagesmüttermodells die derzeitigen Verhältnisse in der Kinderkrippenerziehung untersuchen. Dabei sollen Erkenntnisse zur Verbesserung der Erziehungsbedingungen in diesen Einrichtungen gewonnen werden.

Im Zusammenhang mit der Bildungsgesamtplanung von Bund und Ländern hat sich der Kindergarten zu einer wichtigen und qualifizierten Erziehungseinrichtung entwickelt, die sowohl die Erziehung in der Familie ergänzt als auch Eltern entlastet. Die Bundesregierung hat sich ferner an der Verbesserung der Voraussetzungen für soziales Lernen im Kindergarten beteiligt und zusammen mit den Ländern Erprobungen in Modellen gefördert. Die Anzahl der Kindergartenplätze ist heute so hoch, daß im Bundesdurchschnitt – von regionalen Engpässen abgesehen – der Bedarf gedeckt ist. Bei der Weiterentwicklung sollte ein stärkerer Akzent auf Verkleinerung der Gruppengröße und auf Erweiterung des Angebots an Ganztagsplätzen gelegt werden. Die Bundesregierung stimmt der Sachverständigenkommission zu, daß Kinderhorte, Ganztagsschulen und Schularbeitshilfen zur weiteren Entlastung der Eltern bereitzustellen sind.

2. *Soziale Sicherung der Frau*

Neuregelung der sozialen Sicherung der Frau
Die Bundesregierung verfolgt – ebenso wie die Kommission – das Ziel, die soziale Sicherung der Frauen zu verbessern. Mit der Öffnung der Rentenversicherung für Hausfrauen und der Einführung der Rente nach Mindesteinkommen, des Versorgungsausgleichs und der Erziehungsrente für Geschiedene sind 1972 und 1977 wichtige Schritte getan worden, um die Leistungen der Frauen in der Familie anzuerkennen und ihre Alterssicherung zu verbessern. Darüber hinaus hat die Bundesregierung bereits in der Regierungserklärung vom 16. Dezember 1976 eine Neuregelung der Hinterbliebenenversorgung und der sozialen Sicherung der Frau bis 1984 in Aussicht genommen. Künftig sollen bei der Hinterbliebenenversorgung Männer und Frauen entsprechend der Entscheidung des Bundesverfassungsgerichts vom 12. März 1975 zur Witwenrente gleichbehandelt werden. Gleichzeitig soll die soziale Sicherung der Frau entsprechend ihrer gewandelten Stellung in Familie und Gesellschaft in Richtung auf mehr eigene Sicherungsansprüche für Alter und Invalidität entwickelt werden.
Die Bundesregierung ist – wie die Kommission – der Auffassung, daß die soziale Siche-

rung der Frau häufig unbefriedigend ist, wobei sich die Probleme je nach Lebensverlauf unterschiedlich darstellen. Teilweise werden die Witwenrenten in Höhe von 60 % der Rente des Mannes als unzureichend angesehen. Aber auch die Versichertenrenten der Frauen sind u. a. infolge ihrer meist nicht kontinuierlichen Erwerbstätigkeit vielfach erheblich niedriger als die Renten der Männer. Hierzu trägt insbesondere bei, daß Zeiten der Erziehung von Kindern in der Rentenversicherung nicht berücksichtigt werden.

Die Überlegungen zur Neuregelung der sozialen Sicherung der Frauen zielen auf mehr eigene Sicherungsansprüche und ein ausgewogenes Verhältnis der Leistungen für Männer und Frauen hin. In diesem Zusammenhang spielt auch die Frage eine Rolle, wie die Lücken in dem Versicherungsverlauf der Frau geschlossen werden können, die durch die Erziehung kleiner Kinder entstehen.

Die Bundesregierung sieht in der Neuordnung der sozialen Sicherung der Frau und der Hinterbliebenen eine wichtige Aufgabe der Sozialpolitik der nächsten Jahre. Die dabei zu lösenden gesellschaftspolitischen, rechtlichen, sozialen und finanziellen Probleme wurden von einer unabhängigen Kommission ausgelotet, die der Bundesregierung im Mai 1979 Lösungsvorschläge vorgelegt hat.

Der von der Sachverständigenkommission vorgenommene Vergleich der Witwe mit der geschiedenen Frau (ausführliche Darstellung, Abschnitt 6.5) ist problematisch, weil hier nicht vergleichbare Sachverhalte miteinander verglichen werden. Die Witwe erhält eine von der Versichertenrente des verstorbenen Ehemannes abgeleitete Hinterbliebenenrente als Unterhaltsersatz. Dagegen hat der geschiedene Ehegatte aufgrund der ihm im Wege des Versorgungsausgleichs übertragenen Rentenanwartschaften einen eigenen Rentenanspruch.

3. *Familiengerechte Arbeitsorganisation*

3.1 Humanere Arbeitsbedingungen
Auch im Interesse der Familie hält es die Bundesregierung für wichtig, daß die Bedingungen in der Arbeitswelt humaner werden. Strukturen und Abläufe in der Arbeitswelt müssen mehr als bisher auch den Belangen von Familien mit Kindern Rechnung tragen. Hierzu gehört auch die von der Sachverständigenkommission angesprochene flexiblere Gestaltung der Arbeitszeiten und Beschäftigungsmöglichkeiten. Die Tätigkeit in der Familie muß bei Frauen und Männern und im Beschäftigungssystem stärker anerkannt werden und zu mehr Rücksichtnahme im Arbeitsleben führen. Kürzere Arbeitszeiten können einen Beitrag dazu leisten, Beruf und Familie besser miteinander in Einklang zu bringen.

3.2 Schaffung von mehr Teilzeitarbeitsplätzen
Teilzeitarbeit ist bei gegebener Aufgabenverteilung für viele Frauen häufig die einzige Möglichkeit, überhaupt berufstätig zu sein. Die Kommission zieht daraus den Schluß, das Angebot an Teilzeitarbeit für Frauen zu vergrößern. Aber auch bei Männern besteht – wie eine vor einiger Zeit vom Bundesminister für Arbeit und Sozialordnung veröffentlichte Untersuchung gezeigt hat – Interesse an Teilzeitarbeit. Dies ist möglicherweise Ausdruck eines sich wandelnden Rollenverständnisses und birgt die Chance einer gerechteren Aufgabenverteilung in der Familie. Die Schlüsselrolle für die Ausweitung der Teilzeitarbeit liegt nicht beim Gesetzgeber, sondern bei den privaten und öffentlichen Arbeitgebern.

Für das Beamtenrecht hat die Bundesregierung zur Ausweitung der Teilzeitbeschäftigung bereits konkrete Vorschläge gemacht. Sie hält es für wichtig, daß mehr qualifizierte Teilzeitarbeitsplätze angeboten werden. Nur so kann erreicht werden, daß Frauen, die einer Teilzeitarbeit nachgehen, bessere Berufschancen eröffnet werden und auch Männer in stärkerem Maße von den Möglichkeiten zur Teilzeitarbeit Gebrauch machen. Daß Teilzeitarbeit auch bei qualifizierten Tätigkeiten möglich ist, hat eine Untersuchung des Bundesministeriums für Jugend, Familie und Gesundheit gezeigt.

3.3 Berufliche Wiedereingliederung
Viele Frauen, die wegen der Kindererziehung ihre Erwerbstätigkeit unterbrochen haben, möchten in den Beruf zurückkehren, wenn die Kinder größer sind. Die Kommission schlägt deshalb spezielle Maßnahmen zur beruflichen Wiedereingliederung von Frauen vor. Dieser Forderung entsprechen bereits bestimmte Vorschriften des Arbeitsförderungsgesetzes (AFG). Frauen, die sich über längere Zeit ausschließlich auf Haushalt und Familie konzentriert haben, können danach Förderungsleistungen für die berufliche Qualifizierung auch ohne vorherige Beitragsleistung zur Bundesanstalt für Arbeit in Anspruch nehmen. Das Bundesministerium für Jugend, Familie und Gesundheit fördert verschiedene Modellversuche, in denen gezielte Fortbildungsangebote zur beruflichen Wiedereingliederung für Frauen erprobt werden.

4. *Familienlastenausgleich*

4.1 Dynamisierung des Kindergeldes
Bei der Reform des Familienlastenausgleichs im Jahre 1974 haben Bundestag und Bundesrat es für ausreichend angesehen, daß die Bundesregierung alle zwei Jahre im Rahmen des Sozialbudgets über die wirtschaftliche Lage der Familien berichtet. Damit ist sichergestellt, daß die Gesetzgebungskörperschaften turnusmäßig mit der Frage konfrontiert werden, ob die Kindergeldsätze noch den tatsächlichen Lebensverhältnissen gerecht werden.
Der Gesetzgeber hat in den folgenden Jahren mit Zustimmung aller im Bundestag vertretenen Parteien einer schwerpunktmäßigen Erhöhung des Kindergeldes für die Familien mit zwei und mehr Kindern zum 1. Januar 1978, zum 1. Januar 1979 und zum 1. Juli 1979 (s. o. Abschnitt 2, Nr. 3) den Vorrang vor einer linearen Anhebung sämtlicher Kindergeldsätze gegeben.
Die Bundesregierung hat sich im Rahmen der finanziellen Möglichkeiten bewußt gegen eine Dynamisierung familienpolitischer Leistungen entschieden, um statt dessen strukturelle Verbesserungen, insbesondere für kinderreiche Familien, finanzieren zu können.

4.2 Erhöhung des Kindergeldes für 3. und weitere Kinder
Durch die Kindergelderhöhungen erreicht der jährliche Kindergeldaufwand im Jahre 1980 den Betrag von mehr als 17 Mrd. DM. Das bedeutet trotz rückläufiger Kinderzahlen einen Anstieg gegenüber 1975 um fast 3 Mrd. DM, also um mehr als 20 %.
Für den Mutterschaftsurlaub werden außerdem ca. 900 Millionen DM jährlich und für die steuerliche Berücksichtigung von Kinderbetreuungskosten ab 1. Januar 1980 ca. 550 Millionen DM jährlich aufgewandt.

4.3 Besserstellung unvollständiger Familien

Die Empfehlungen der Kommission zur Besserstellung unvollständiger Familien zielten darauf, den bei einem alleinstehenden Elternteil lebenden Kindern für den Fall, daß die grundsätzlich von dem anderen Elternteil zu leistenden Unterhaltszahlungen ausfallen, einen entsprechenden Unterhaltsvorschuß oder -ersatz aus öffentlichen Mitteln zu zahlen und die Verfolgung eines etwaigen Unterhaltsanspruchs gegen den anderen Elternteil der öffentlichen Hand zu übertragen.

Das Unterhaltsvorschußgesetz, das am 1. Januar 1980 in Kraft tritt, sichert den Unterhalt dieser Kinder in den ersten Lebensjahren. Das Gesetz bietet aber nicht nur einen Unterhaltsvorschuß, sondern auch einen Unterhaltsersatz, wenn wegen Todes oder absoluter Leistungsunfähigkeit des anderen Elternteils die Unterhaltszahlungen ausfallen.

Quelle: Stellungnahme der Bundesregierung zum Bericht der Sachverständigenkommission für den Dritten Familienbericht, Bundestagsdrucksache 8/3120 vom 20. August 1979.

Aus der Verfassung der DDR
Vom 7. Oktober 1949

Artikel 7
Mann und Frau sind gleichberechtigt.
Alle Gesetze und Bestimmungen, die der Gleichberechtigung der Frau entgegenstehen, sind aufgehoben.

Artikel 18
. . . Mann und Frau, Erwachsener und Jugendlicher haben bei gleicher Arbeit das Recht auf gleichen Lohn. Die Frau genießt besonderen Schutz im Arbeitsverhältnis.
Durch Gesetz der Republik werden Einrichtungen geschaffen, die es gewährleisten, daß die Frau ihre Aufgabe als Bürgerin und Schaffende mit ihren Pflichten als Frau und Mutter vereinbaren kann . . .

Artikel 30
Ehe und Familie bilden die Grundlage des Gemeinschaftslebens. Sie stehen unter dem Schutz des Staates. Gesetze und Bestimmungen, die die Gleichberechtigung von Mann und Frau in der Familie beeinträchtigen, sind aufgehoben.

Artikel 31
Die Erziehung der Kinder zu geistig und körperlich tüchtigen Menschen im Geiste der Demokratie ist das natürliche Recht der Eltern und deren oberste Pflicht gegenüber der Gesellschaft.

Artikel 32
Die Frau hat während der Mutterschaft Anspruch auf besonderen Schutz und Fürsorge des Staates. Die Republik erläßt ein Mutterschaftsgesetz. Einrichtungen zum Schutz für Mutter und Kind sind zu schaffen.

Artikel 33
Außereheliche Geburt darf weder dem Kinde noch seinen Eltern zum Nachteil gereichen. Entgegenstehende Gesetze und Bestimmungen sind aufgehoben.

Aus der Verfassung der DDR
Vom 9. April 1968
(in die Fassung vom 7. Oktober 1974 unverändert übernommen)

Artikel 20
(2) Mann und Frau sind gleichberechtigt und haben die gleiche Rechtsstellung in allen Bereichen des gesellschaftlichen, staatlichen und persönlichen Lebens. Die Förderung der Frau, besonders in der beruflichen Qualifizierung, ist eine gesellschaftliche und staatliche Aufgabe.

Artikel 24

(1) Jeder Bürger der Deutschen Demokratischen Republik hat das Recht auf Arbeit. Er hat das Recht auf einen Arbeitsplatz und dessen freie Wahl entsprechend den gesellschaftlichen Erfordernissen und der persönlichen Qualifikation. Er hat das Recht auf Lohn nach Qualität und Quantität der Arbeit. Mann und Frau, Erwachsene und Jugendliche haben das Recht auf gleichen Lohn bei gleicher Arbeitsleistung.

(2) Gesellschaftlich nützliche Tätigkeit ist eine ehrenvolle Pflicht für jeden arbeitsfähigen Bürger. Das Recht auf Arbeit und die Pflicht zur Arbeit bilden eine Einheit.

Artikel 38

(1) Ehe, Familie und Mutterschaft stehen unter dem besonderen Schutz des Staates. Jeder Bürger der Deutschen Demokratischen Republik hat das Recht auf Achtung, Schutz und Förderung seiner Ehe und Familie.

(2) Dieses Recht wird durch die Gleichberechtigung von Mann und Frau in Ehe und Familie, durch die gesellschaftliche und staatliche Unterstützung der Bürger bei der Festigung und Entwicklung ihrer Ehe und Familie gewährleistet. Kinderreichen Familien, alleinstehenden Müttern und Vätern gilt die Fürsorge und Unterstützung des sozialistischen Staates durch besondere Maßnahmen.

(3) Mutter und Kind genießen den besonderen Schutz des sozialistischen Staates. Schwangerschaftsurlaub, spezielle medizinische Betreuung, materielle und finanzielle Unterstützung bei Geburten und Kindergeld werden gewährt.

(4) Es ist das Recht und die vornehmste Pflicht der Eltern, ihre Kinder zu gesunden und lebensfrohen, tüchtigen und allseitig gebildeten Menschen, zu staatsbewußten Bürgern zu erziehen. Die Eltern haben Anspruch auf ein enges und vertrauensvolles Zusammenwirken mit den gesellschaftlichen und staatlichen Erziehungs- und Bildungseinrichtungen.

Aus dem Programm der SED von 1976

Große Aufmerksamkeit widmet die Sozialistische Einheitspartei Deutschlands der Förderung der Frauen. Die werktätigen Familien leisten in allen Bereichen der Gesellschaft einen entscheidenden Beitrag zum politischen, ökonomischen, wissenschaftlich-technischen, sozialen und geistig-kulturellen Fortschritt. Die Sozialistische Einheitspartei Deutschlands wird alles tun, um überall solche Bedingungen zu schaffen, damit die Frauen ihrer gleichberechtigten Stellung in der Gesellschaft immer besser gerecht werden können. Ihre Arbeits- und Lebensbedingungen werden weiter verbessert. Die Festigung der gesellschaftlichen Stellung und die Persönlichkeitsentwicklung der Frauen erfordern, zielstrebig daran zu arbeiten, daß die Frauen ihre berufliche Tätigkeit noch erfolgreicher mit ihren Aufgaben als Mütter und in der Familie vereinbaren können . . .

Die Sozialistische Einheitspartei Deutschlands widmet der Förderung der Familie, der Fürsorge für Mutter und Kind sowie der Unterstützung kinderreicher Familien und junger Ehen große Aufmerksamkeit. Die materiellen Aufwendungen und Leistungen, die mit der Geburt, Betreuung und Erziehung der Kinder verbunden sind, werden in wachsendem Maße von der Gesellschaft getragen und anerkannt. Eine weitere Förderung sollen Familien mit mehreren Kindern erfahren. Die Bedingungen für die Berufstätigkeit der Mütter mit Klein- und schulpflichtigen Kindern werden planmäßig verbessert . . .

Die Ausprägung der sozialistischen Lebensweise bestimmt auch die Gestaltung von Ehe- und Familienbeziehungen, die sich auf Liebe und gegenseitige Achtung, Verständnis und gegenseitige Hilfe im Alltag und gemeinsame Verantwortung für die Kinder gründen.

Die vollständige Gleichberechtigung der Ehepartner, wachsende wirtschaftliche Unabhängigkeit der Frauen und immer bessere Möglichkeiten, gleichberechtigt am gesellschaftlichen Leben teilzunehmen, haben qualitativ neue Voraussetzungen für die persönlichen Bindungen geschaffen, die mit der Ehe und der Gründung einer Familie eingegangen werden. Kinder gehören zum Sinn und Glück einer Ehe. Ihre Erziehung zu gesunden und lebensfrohen Menschen, zu sozialistischen Persönlichkeiten ist eine hohe gesellschaftliche Verpflichtung der Eltern. Sie haben gemeinsam mit den Erziehern, dem sozialistischen Jugendverband und der Öffentlichkeit eine große Verantwortung bei der Vorbereitung junger Menschen auf die Liebe, Ehe und Familie.

Aus dem Familiengesetzbuch der DDR
Vom 20. Dezember 1965

§ 2

Die Gleichberechtigung von Mann und Frau bestimmt entscheidend den Charakter der Familie in der sozialistischen Gesellschaft. Sie verpflichtet die Ehegatten, ihre Beziehungen zueinander so zu gestalten, daß beide das Recht auf Entfaltung ihrer Fähigkeiten zum eigenen und gesellschaftlichen Nutzen voll wahrnehmen können. Sie erfordert zugleich, die Persönlichkeit des anderen zu respektieren und ihn bei der Entwicklung seiner Fähigkeiten zu unterstützen.

§ 3

(1) Die Bürger gestalten ihre familiären Bindungen so, daß sie die Entwicklung aller Familienmitglieder fördern. Es ist die vornehmste Aufgabe der Eltern, ihre Kinder in verantwortungsvollem Zusammenwirken mit staatlichen und gesellschaftlichen Einrichtungen zu gesunden und lebensfrohen, tüchtigen und allseitig gebildeten Menschen, zu aktiven Erbauern des Sozialismus zu erziehen.

(2) Die Erziehung der Kinder ist zugleich Aufgabe und Anliegen der gesamten Gesellschaft. Deshalb gewährleistet der sozialistische Staat durch seine Einrichtungen und Maßnahmen, daß die Eltern ihre Rechte und Pflichten bei der Erziehung ihrer Kinder ausüben können. Besondere Aufmerksamkeit gilt der Hilfe für kinderreiche Familien und für alleinstehende Mütter und Väter.

§ 9

(1) Die Ehegatten sind gleichberechtigt. Sie leben zusammen und führen einen gemeinsamen Haushalt. Alle Angelegenheiten des gemeinsamen Lebens und der Entwicklung des einzelnen werden von ihnen in beiderseitigem Einverständnis geregelt.

(2) Die eheliche Gemeinschaft erfährt ihre volle Entfaltung und findet ihre Erfüllung durch die Geburt und die Erziehung der Kinder. Die Eltern üben das Erziehungsrecht gemeinsam aus.

§ 10

(1) Beide Ehegatten tragen ihren Anteil bei der Erziehung und Pflege der Kinder und der Führung des Haushalts. Die Beziehungen der Ehegatten zueinander sind so zu gestalten, daß die Frau ihre berufliche und gesellschaftliche Tätigkeit mit der Mutterschaft vereinbaren kann.

(2) Ergreift der bisher nicht berufstätige Ehegatte einen Beruf oder entschließt sich ein Ehegatte, sich weiterzubilden oder gesellschaftliche Arbeit zu leisten, unterstützt der andere in kameradschaftlicher Rücksichtnahme und Hilfe das Vorhaben seines Ehegatten.

Aus dem Arbeitsgesetzbuch der DDR
Vom 16. Juni 1977

Förderung und Schutz der Frauen, der Jugend und bestimmter Personengruppen

§ 3
Der sozialistische Staat gewährleistet, daß überall solche Bedingungen geschaffen werden, die es den Frauen ermöglichen, ihrer gleichberechtigten Stellung in der Arbeit und in der beruflichen Entwicklung immer besser gerecht zu werden und ihre berufliche Tätigkeit noch erfolgreicher mit ihren Aufgaben als Mutter und in der Familie zu vereinbaren. Das Arbeitsrecht trägt zur planmäßigen Verbesserung der Arbeits- und Lebensbedingungen der Frauen bei. Es sichert die besondere Förderung und den Schutz der Frauen bei Aufnahme und Ausübung einer beruflichen Tätigkeit sowie die materielle Versorgung bei Mutterschaft.

§ 30
Frauenförderungsplan
(1) Die Maßnahmen zur Förderung der schöpferischen Fähigkeiten der Frauen im Arbeitsprozeß, zur politischen und fachlichen Aus- und Weiterbildung und zur planmäßigen Vorbereitung auf den Einsatz in leitende Funktionen sowie zur Verbesserung ihrer Arbeits- und Lebensbedingungen sind im Frauenförderungsplan festzulegen.
(2) Der Frauenförderungsplan ist zwischen dem Betriebsleiter und der Betriebsgewerkschaftsleitung als Teil des Betriebskollektivvertrages zu vereinbaren.

§ 148
(1) Bei der Aus- und Weiterbildung sind Frauen besonders zu fördern. Vor allem sind Produktionsarbeiterinnen planmäßig zu Facharbeiterinnen zu qualifizieren. Es sind mehr Frauen zur Ausübung leitender Funktionen zu befähigen. Im Frauenförderungsplan sind entsprechende Maßnahmen zu vereinbaren.

Betreuung der Kinder von Betriebsangehörigen
und sozialistische Erziehung der Schuljugend

§ 233
(1) Der Betrieb hat in Zusammenarbeit mit den örtlichen Volksvertretungen und deren Räten an der planmäßigen Schaffung und Unterhaltung von Kindereinrichtungen mitzuwirken. Er hat die Werktätigen bei der Unterbringung der Kinder in den Kindereinrichtungen zu unterstützen.
(2) Der Betrieb hat die Werktätigen bei der Sicherung der Pflege erkrankter Kinder zu unterstützen und dabei mit den Organen des Gesundheitswesens zusammenzuarbeiten.

Besondere Rechte der werktätigen Frau und Mutter

§ 240
Grundsatz
(1) Der Betrieb ist verpflichtet, werktätigen Frauen mit Kindern durch die planmäßige Ent-

wicklung der Arbeits- und Lebensbedingungen immer bessere Möglichkeiten zu schaffen, ihre berufliche Tätigkeit und Entwicklung mit ihren Aufgaben als Mutter und in der Familie zu vereinbaren.

§ 241
Aus- und Weiterbildung
(1) Für die Frauen, zu deren Haushalt Kinder bis zu 16 Jahren gehören, werden in Rechtsvorschriften besondere Maßnahmen zur Förderung und Unterstützung bei der Aus- und Weiterbildung festgelegt.
(2) Der Betrieb ist verpflichtet, Frauen, zu deren Haushalt Kinder bis zu 16 Jahren gehören, bei der Aus- und Weiterbildung jede erforderliche Unterstützung . . . zu gewähren. Bei Rationalisierungsmaßnahmen und Strukturveränderungen hat der Betrieb Voraussetzungen dafür zu schaffen, daß die erforderliche Qualifizierung der Frauen soweit wie möglich während der Arbeitszeit stattfindet.

Besonderer Schutz der werktätigen Frau im Interesse der Mutterschaft

§ 242
(1) Schwangere, stillende Mütter und Mütter mit Kindern im Alter bis zu einem Jahr dürfen nicht mit Arbeiten beschäftigt werden, die in besonderen Rechtsvorschriften festgelegt sind.
(2) Schwangere, stillende Mütter und Mütter mit Kindern im Alter bis zu einem Jahr dürfen nicht mit Arbeiten beschäftigt werden, die nach Feststellung des Betriebsarztes oder des Arztes der Schwangerenberatung das Leben oder die Gesundheit der Frau bzw. des Kindes gefährden können.
(3) In den Fällen der Absätze 1 und 2 hat der Betrieb für die betreffende Zeit der Werktätigen eine andere zumutbare Arbeit zu übertragen. Für diese Arbeit erhält die Werktätige mindestens den Durchschnittslohn.

§ 243
(1) Nacht- und Überstundenarbeit ist für Schwangere und stillende Mütter verboten.
(2) Frauen, zu deren Haushalt Kinder im Vorschulalter gehören, können Nacht- und Überstundenarbeit ablehnen.

§ 248
Freistellung zur Schwangeren- und Mütterberatung
(1) Eine Freistellung von der Arbeit erfolgt, wenn entsprechend den Rechtsvorschriften
a) die Frau die Schwangerenberatung aufsucht,
b) der Werktätige sein Kind der Mütterberatung vorstellt und die Betreuung durch diese Einrichtungen außerhalb der Arbeitszeit nicht möglich ist.
(2) Für die Dauer der Freistellung wird ein Ausgleich in Höhe des Durchschnittslohnes gezahlt.

§ 250
Für Schwangere und Mütter gilt ein besonderer Kündigungsschutz . . .

Ausgewählte Bücher und Broschüren zu Frauenfragen

Bebel, August, Die Frau und der Sozialismus, Leipzig 1979, Nachdruck der Jubiläums-ausgabe von 1929, Berlin/Bonn 1977

Beck-Gernsheim, Elisabeth, Der geschlechtsspezifische Arbeitsmarkt. Zur Ideologie und Realität von Frauenberufen, Frankfurt a. M. 1976

Berger, L., L. Bothmer und H. Schuchardt, Frauen ins Parlament? Von den Schwierigkei-ten, gleichberechtigt zu sein, rororo aktuell, Reinbek 1976

Binder-Wehberg, Friedeling, Ungleichbehandlung von Mann und Frau. Eine soziologi-sche und arbeitsrechtliche Untersuchung, Berlin 1970

Block, Irene, Uta Enders und Susanne Müller, Das unsichtbare Tagwerk. Mütter erfor-schen ihren Alltag, rororo aktuell, Reinbek 1981

Bock-Rosenthal, Erika, Christa Haase und Sylvia Streeck, Wenn Frauen Karriere machen, Frankfurt/New York 1978

Borris, Maria, Die Benachteiligung der Mädchen in Schulen der Bundesrepublik und Westberlins, Frankfurt a. M. 1972

Borrmann, Rolf, und Hans-Joachim Schille, Vorbereitung der Jugend auf Liebe, Ehe und Familie, Berlin (Ost) 1980

Brandt, Willy (Hrsg.), Frauen heute – Jahrhundertthema Gleichberechtigung, Köln/Frank-furt a. M. 1978

Braun, Frank, und Brigitte Gravalas, Die Benachteiligung junger Frauen in Ausbildung und Erwerbstätigkeit. Mit Bibliographie, herausgegeben vom Bundesinstitut für Berufsbil-dung (Berlin/Bonn) und vom Deutschen Jugendinstitut (München), München 1980

Bruhm-Schlegel, U., u. a., Junge Frauen heute – wie sie sind, was sie wollen, Leipzig 1981

Busch, Friedrich W., Familienerziehung in der sozialistischen Pädagogik der DDR, Düs-seldorf 1972

Däubler-Gmelin, Herta, Frauenarbeitslosigkeit oder Reserve zurück an den Herd, rororo aktuell, Reinbek 1977

Die Frau in der DDR. Zum 100. Jahrestag der Herausgabe von August Bebels Buch »Die Frau und der Sozialismus«, Dresden 1979

Die Lage der Familien in der Bundesrepublik Deutschland – Dritter Familienbericht, Bun-destags-Drucksache 8/3121 vom 20. August 1979

Die Rolle des Mannes und ihr Einfluß auf die Wahlmöglichkeiten der Frau, herausgegeben vom Bundesministerium für Jugend, Familie und Gesundheit, Stuttgart 1976

Doormann, Lottemi, Babys wachsen gemeinsam auf. Mütter entlasten sich selbst und helfen ihren Kindern, rororo Elternrat, Reinbek 1981

Familien in der DDR. Porträts, Informationen, Meinungen (Veröffentlichung der Auslands-presseagentur der DDR), Dresden 1981

Familienrecht. Lehrbuch. Autorenkollektiv unter Leitung von Anita Grandke, Berlin (Ost) 1981[3]

Frauen. Informationen, Tips und Ideen zum Nachschlagen und Weitersagen, herausge-geben vom Presse- und Informationsdienst der Bundesregierung, Bonn 1981[6]

Frauen '80, herausgegeben vom Bundesministerium für Jugend, Familie und Gesund-heit, Bonn 1980

Frauen in der Deutschen Demokratischen Republik, herausgegeben von der Friedrich-Ebert-Stiftung, Bonn 1981

Frau und Gesellschaft. Zwischenbericht der Enquête-Kommission Deutscher Bundestag. Zur Sache 1/77 (wortgleich mit der Bundestagsdrucksache 7/5866)

Frau und Gesellschaft (II). Bericht 1980 der Enquête-Kommission und Aussprache 1981 im Plenum des Deutschen Bundestages. Zur Sache 1/81

Friauf, Karl Heinrich, Gleichberechtigung der Frau als Verfassungsauftrag. Rechtsgutachten erstattet im Auftrag des Bundesministers des Innern, Stuttgart/Berlin/Köln/Mainz 1981

Friauf, Karl Heinrich, Grundrechtsprobleme bei der Durchführung von Maßnahmen zur Gleichberechtigung. Rechtsgutachten erstattet im Auftrag des Bundesministers des Innern, Stuttgart/Berlin/Köln/Mainz 1981

Gast, Gabriele, Die politische Rolle der Frau in der DDR, Düsseldorf 1973

Grandke, Anita, Familienförderung als gesellschaftliche und staatliche Aufgabe, Berlin (Ost) 1981

Hegelheimer, Barbara, Chancengleichheit in der Berufsausbildung. Bildungs- und arbeitspolitische Maßnahmen zur beruflichen Förderung von Frauen in der Bundesrepublik Deutschland. Deutscher Beitrag einer vergleichenden Untersuchung in den Mitgliedstaaten der Europäischen Gemeinschaft im Auftrag des Europäischen Zentrums für die Förderung der Berufsbildung (CEDEFOP), Berlin 1979

Hellwig, Renate, Frauen verändern die Politik. Eine gesellschaftliche Streitfrage, Stuttgart 1975

Herkommer, Charlotte, und Swantje Hauck, Berufsziel Fließband – Die Berufsausbildung der Frau in der Bundesrepublik Deutschland, Koblenz 1977

Hervé, Florence, Studentinnen in der BRD, Köln 1973

Hervé, Florence (Hrsg.), Frauenbewegung und revolutionäre Arbeiterbewegung. Texte zur Frauenemanzipation in Deutschland und in der BRD von 1848 bis 1980, Frankfurt a. M. 1981

Hilfen für Familien. Reihe: Bürger-Service Band 11, herausgegeben vom Bundesministerium für Jugend, Familie und Gesundheit, Bonn 1980

Hille, Barbara, Kindergesellschaft? Wie unsere Kinder aufwachsen, Köln 1980

Hille, Barbara, Familie und Sozialisation in der DDR, Opladen Anfang 1983

Janssen-Jurreit, Marielouise (Hrsg.), Frauenprogramm – Gegen Diskriminierung. Gesetzgebung – Aktionspläne – Selbsthilfe. Ein Handbuch, rororo aktuell, Reinbek 1979

Janssen-Jurreit, Marielouise, Sexismus. Über die Abtreibung der Frauenfrage, München/Wien 1976

Jugel, Martine, Barbara Spangenberg und Rudhard Stollberg, Schichtarbeit und Lebensweise, Berlin (Ost) 1978

Jugend '81, Lebensentwürfe, Alltagskulturen, Zukunftsbilder, Studie im Auftrag des Jugendwerks der Deutschen Shell, durchgeführt von Psydata, Institut für Marktanalysen, Sozial- und Mediaforschung GmbH, Hamburg 1981

Kabat vel Job, Otmar und Arnold Pinther unter Mitarbeit von Monika Reißig, Jugend und Familie. Familiäre Faktoren der Persönlichkeitsentwicklung Jugendlicher, Berlin (Ost) 1981

Kaiser, Marianne (Hrsg.), Wir wollen gleiche Löhne. Dokumentation zum Kampf der 29 »Heinze«-Frauen, rororo aktuell, Reinbek 1980

Karsten, Gaby, Mariechens Weg ins Glück. Die Diskriminierung von Mädchen in Grundschullesebüchern, Berlin (West) 1977

Khalatbari, Parviz, Bevölkerungstheorie und Bevölkerungspolitik, Berlin (Ost) 1981

Koch, Rüdiger, Berufstätigkeit der Mutter und Persönlichkeitsentwicklung des Kindes, Köln 1975

Kutsch, Marlies, Die Frau im Berufsleben. Der Weg zur Chancengleichheit am Arbeitsplatz, Freiburg i. Br. 1979

Langer-El Sayed, Ingrid, Familienpolitik, Tendenzen, Chancen, Notwendigkeiten. Ein Beitrag zur Entdämonisierung, Frankfurt a. M. 1980

Langkau-Herrmann, Monika, und Jochem Langkau, Der berufliche Aufstieg der Frau, Arbeitsmarktstrategien zur verstärkten Integration der Frau in der Arbeits- und Berufswelt, Opladen 1972

Lehr, Ursula, Die Frau im Beruf, Frankfurt a. M. 1969

Linhoff, Ursula, Die neue Frauenbewegung, USA-Europa seit 1968, Köln 1974

Löwisch, Manfred, und Wolfgang Gitter, Annemarie Mennel, Welche rechtlichen Maßnahmen sind vordringlich, um die tatsächliche Gleichstellung der Frau mit den Männern im Arbeitsleben zu gewährleisten? Gutachten zum 50. Deutschen Juristentag 1974, München 1974

Mädchen in gewerblich-technischen Berufen (herausgegeben vom Ministerium für Arbeit, Gesundheit und Soziales des Landes Nordrhein-Westfalen), Düsseldorf 1979

Menschik, Jutta, Feminismus – Geschichte, Theorie, Praxis, Köln 1977

Menschik, Jutta (Hrsg.), Grundlagentexte zur Emanzipation der Frau, Köln 1979[3]

Müller-Kaldenberg, Rieke, Mütter mit Beruf. Die Doppelrolle meistern – gegen Vorurteile und Selbstzweifel, rororo Elternrat, Reinbek 1981

Myrdal, Alva, und Viola Klein, Die Doppelrolle der Frau in Familie und Beruf, Köln 1971[3]

Otto, Karl-Heinz, Disziplin bei Jungen und Mädchen, Berlin (Ost) 1970

Pinl, Claudia, Das Arbeitnehmerpatriarchat. Die Frauenpolitik der Gewerkschaften, Köln 1977

Renger, Annemarie, Gleiche Chancen für Frauen? Berichte und Erfahrungen in Briefen an die Präsidentin des Deutschen Bundestages, Heidelberg/Karlsruhe 1977

Rohmert, W., und A. Tielmann, Zur Problematik der Beschäftigung von Frauen in gewerblich-technischen Facharbeiterberufen. (Dem Bericht liegt ein Gutachten von Arbeitsplätzen in der gewerblichen Wirtschaft unter dem besonderen Aspekt ihrer Tauglichkeit für weibliche Auszubildende und Arbeitnehmer zugrunde, das von den Autoren für den hessischen Minister für Wirtschaft und Technik im Auftrag des Bildungswerks der Hessischen Wirtschaft e. V. angefertigt wurde), Darmstadt 1981

Rolland, Walter, Kommentar zum 1. EheRG, Neuwied 1982

Rutenfranz, Joseph, Überlegungen zur arbeitsmedizinischen Bewertung sogenannter »leichter« Frauenarbeit, Schriftenreihe der IG Metall Nr. 54, ohne Jahr

Scharnhorst, Erna, Süppchen kochen, Zeitung lesen. Erziehung zur Gleichberechtigung, Berlin (Ost) 1970

Schlei, Marie, und Dorothea Brück, Wege zur Selbstbestimmung – Sozialpolitik als Mittel der Emanzipation, Köln/Frankfurt 1976

Schmid-Jörg, I., C. Krebsbach-Gnath und S. Hübner, Bildungschancen für Mädchen und Frauen im internationalen Vergleich. Untersuchung im Auftrage des Bundesministers für Bildung und Wissenschaft, München/Wien 1981

Schöll-Schwinghammer, Ilona, und Lothar Lappe, Arbeitsbedingungen und Arbeitsbewußtsein erwerbstätiger Frauen. Eine Untersuchung des Soziologischen Forschungsinstituts (SOFI) Göttingen im Auftrag des Rationalisierungs-Kuratoriums der Deutschen Wirtschaft (RKW) e. V., Frankfurt 1980

Schubnell, Hermann, Der Geburtenrückgang in der Bundesrepublik Deutschland. Die Entwicklung der Erwerbstätigkeit von Frauen und Müttern, Bd. 6 der Schriftenreihe des Bundesministers für Jugend, Familie und Gesundheit, Stuttgart 1973

Silbermann, Alphons, und Udo Michael Krüger, Abseits der Wirklichkeit. Das Frauenbild in deutschen Lesebüchern, Köln 1971

Silkenbeumer, Rainer (Hrsg.), Geburtenrückgang – Risiko oder Chance?, Hannover 1979

Soden, Kristine von, und Gaby Zipfel, Siebzig Jahre Frauenstudium. Frauen in der Wissenschaft, Köln 1979

Stern, Carola (Hrsg.), Was haben die Parteien für die Frauen getan?, rororo aktuell, Reinbek 1976

Strecker, Gabriele, und Marlene Lenz, Der Weg der Frau in die Politik, Bonn 1980

Studie über die soziale Lage der verheirateten Studenten, Bonn 1971, BT-Drucks. VI/2864

Vorschläge zur sozialen Sicherung der Frau und der Hinterbliebenen. Gutachten der Sachverständigenkommission vom 21. Mai 1979, veröffentlicht durch die Bundesregierung, Bonn 1980

Wagner, Angelika C., Heidi Frasch und Elke Lamberti, Mann – Frau, Rollenklischees im Unterricht, München/Wien/Baltimore 1978

Wander, Maxie, Guten Morgen, du Schöne. Frauen in der DDR. Protokolle mit einem Vorwort von Christa Wolf, Darmstadt/Neuwied 1978

Wehner, Herbert (Hrsg.), Frau Abgeordnete, Sie haben das Wort, Bonn 1980

Wenik, Elisabeth, Schutz und Förderung von Ehe und Familie, Berlin (Ost) 1979

Werner, Reiner, Problemfamilien – Familienprobleme. Gefährdete im Prisma sozialer Konflikte, Berlin (Ost) 1980

Wiegmann, Barbelies, Ende der Hausfrauenehe, Plädoyer gegen eine trügerische Existenzgrundlage, rororo aktuell, Reinbek 1980

Wiggershaus, Renate, Geschichte der Frauen und der Frauenbewegung in der Bundesrepublik Deutschland und in der Deutschen Demokratischen Republik nach 1945, Wuppertal 1979

Zahlenspiegel. Bundesrepublik Deutschland/Deutsche Demokratische Republik – ein Vergleich. Hrsg. vom Bundesministerium für innerdeutsche Beziehungen, neue Ausgabe, 2. Auflage, Bonn 1981

Zur gesellschaftlichen Stellung der Frau. Sammelband, Leipzig 1978. Lizenzausgabe unter dem Titel: Wie emanzipiert sind die Frauen in der DDR? Beruf – Bildung – Familie, Köln 1979

Verzeichnis der Tabellen 155

Barbara Hille

Kindergesellschaft?

Wie unsere Kinder
aufwachsen

»Jedem, der mit Kindern
zu tun hat, einerlei, ob im
Beruf oder in der Familie,
wird das Buch Bereicherung
und neue Erkenntnisse
bringen. Man kann es wirklich
sehr empfehlen.«
*Deutsche
Hebammenzeitschrift*

132 Seiten
Paperback DM 14,–
ISBN 3-8046-8567-6

Verlag Wissenschaft
und Politik

Gisela Helwig

**Am Rande
der Gesellschaft**

Alte und Behinderte in
beiden deutschen Staaten

»Das Buch vermittelt dem
Leser ein umfassendes Bild
von der Behandlung unge-
löster gesellschaftspolitischer
Probleme in beiden
deutschen Staaten.«
Blätter der Wohlfahrtspflege

213 Seiten
Paperback DM 19,80
ISBN 3-8046-8578-1

Verlag Wissenschaft
und Politik